U0018846

YUKIMASA MORI 森透匡 ● 著 黃薇嬪 ● 譯

刑警心智

刑事メンタル

跟資深刑警學抗壓,打造絕處逢生的強大心理素質

以下項目只要有任何一項符合，你現在需要的或許就是刑警心智。

- 心臟容易緊張狂跳
- 在意他人目光
- 一旦失敗就會不知所措
- 想要勇氣！
- 不擅長與人交談
- 常覺得丟臉
- 沒有自信
- 想要變得更強悍！
- 缺乏幹勁
- 討厭自己正式上場就會表現差強人意

我先說說「刑警心智」是什麼？

就是**身經百戰的前刑警在艱難嚴峻的案發現場**

培養出的強健心智。

應付身上刺龍刺鳳、長相可怕的黑道就有夠恐怖了，更別提還得裝沒事，

跟嗑藥嗑到雙眼無神的毒蟲、暴怒到雙眼血紅的人交談。

這種時候其實我們都緊張到心跳飛快，但工作還是得有人做。

意志力不夠堅定可撐不過來。

只要實踐刑警心智，人生就會大幅改變。

不再畏縮，不再恐慌，不再沮喪，不再低潮，
不再情緒化，不再逃避，沒有什麼是你辦不到的。

只要改變心智，
就能夠迎向光明的未來！

好了，就讓咱們一一實踐吧。

置身在這種時代，
我們更需要強化心智，
才能堅強地活下去！

前言

1 如何在艱難嚴峻的案發現場培養強大的心智？

感謝各位拿起本書，我是前刑警森透匡，在千葉縣警局當了二十七年警察，其中有二十年負責刑事案件，可說是如假包換的刑警。

我參與過的案子包羅萬象，包括轄區內的刑案、殺人與傷害等暴力犯罪、槍砲彈藥毒品、違反社會秩序等的組織犯罪。當中我待最久的是搜查二課，專門逮捕詐欺、盜用公款等惡意的高智商罪犯。

我以偵查佐身分偵訊、做過筆錄的人數超過兩千人，結案的案子更是不計其數。到了三十五歲時，領先同期率先晉升警部（注：相當於臺灣警察職稱中的督察長〔Chief Inspector〕），之後曾擔任刑事課長等偵查指揮官，在犯罪現場經歷過無數次冷汗直流的危急場面。

一提到刑警工作，大家最容易想到的是警匪劇，但現場工作的辛苦其實不是一般人能夠想像，做這一行必須面對各行各業、各種職銜和立場的人，因此最能夠磨練自身的心智。

此外，為了蒐證，還要執行一般人沒機會嘗試的日以繼夜跟監、盯梢、盤查、進入民宅搜索、逮捕犯罪嫌疑人等特殊任務。

犯罪現場的氣氛往往一觸即發，在攸關性命的場合更是極度緊繃，這是一份唯有意志力夠強大才足以勝任的工作。

而我相信，公開一位火裡來、水裡去的刑警如何建立自身強大的心智，對各位必然會有幫助，因而寫出這本書。

2 心智強大，人生就會大不同

當你的心智夠強大時，有哪些好事會發生呢？

我敢掛保證多到數不清，只要你的心智夠強大，就會大幅改變人生。

這個世界很大，我們每天接觸各種人，其中有些是你看不順眼的朋友或討厭的上司；你希望自己做的每件事都能成功，可惜多半都是失敗收場。

每當遺憾、難過、沮喪、煩躁、尋死的念頭湧現，只要你的心智夠強大，就能夠帶給你繼續往前走的勇氣。

有了「我還可以」、「我一定可以」、「前進吧」、「相信自己」、「不放棄」種種想法，無論遇到任何事你都不會屈服。

擁有強大的心智，就能夠把最糟的情況變成最好的情況，因此我希望各位養成「刑警心智」，面對敵人甚至是自己都能臨危不亂、絕不放棄，如此一來你將擁有燦爛明亮的人生。

3 向刑警學習如何強化心智

坊間有許多書教你如何強化心智，不過我想本書應該是第一本告訴你如何培養「刑警心智」的書吧。當警察的人也不是一開始就擁有強韌的心智，我們原本也很軟弱、膽小、臉皮薄，是後來接觸的人與艱辛經驗令我們逐漸成長，才培養出「刑警心智」。

培養的方法很簡單——只要改變自己對事物的想法和行動即可。剛開始或許很難，我希望各位勤加練習，某天當你發現「怎麼不同了？」就是改變奏效的證明。

本書的架構如下：

第一章談保持平常心的方法。遇到緊張場面若是能夠保持平常心，事情的進展就會順利。

第二章談如何鍛鍊意志力，幫助你維持冷靜。心智沒有經過鍛鍊不會變強，各位務必要嚴加訓練。

第三章介紹控制心靈的「百倍元氣提升法」。獨處時，必須懂得管理自己的心。

第四章講提升動力的方法。採取行動，想法就會改變，無論如何先動就是。

第五章是教你如何圓融溝通，本章將傳授刑警的三大溝通技巧。

期待各位的人生有一百八十度轉變。

前言……6

第1章

刑警也會緊張害怕！被逼到走投無路時，如何保持平常心？

第3章 刑警是正向思考的天才！控制內心、提升百倍元氣的方法

第4章 刑警的雙腳就是命脈！心智軟弱也能靠行動改善的動力提升法

第5章

當了刑警就會懂！刑警的三大圓融溝通技巧

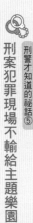

終章

演講時常被問到的問題統整

第1章

刑警也會緊張害怕！被逼到走投無路時，如何保持平常心？

有段時期，覺得刑警是人人稱羨的工作。
其實刑警不過是三百六十行其中一種職業罷了，
我們要面對的不是「外星人」也不是「怪獸」，而是「人類」。
從事這份工作之後我覺得——果然還是「人類」最可怕……

刑警的日常生活就是由一般人一輩子也遇不到的真實事件串連而成。
相較於世界上其他國家，日本或許相對和平，
但也沒人敢掛保證安全無虞。

跟持槍歹徒對峙……
進入黑道巢穴攻堅……
面對兇殺案的屍體……

刑警沒有做好心理準備的時間。
刑警的工作總是緊湊。

心臟狂跳……

我好奇會有人習慣這種高速的心跳聲嗎？

本章是希望幫助生性膽小的人，在你們身後推一把。

每個人都有緊張到手抖、不小心尿褲子、雙腳動彈不得的經驗，

這沒什麼好丟臉的。

當警察這一路走來，我也曾經害怕自己「中槍」、「露出破綻」、「被盯上」等，我一邊擔心著生命安危，一邊與緊張共處。

那麼，置身在高度緊繃環境中的刑警，如何保持平常心？

人呢，只要不死，總有辦法突破困境。

希望本章的內容能夠提供各位參考。

那瞬間，我豁出去了！「開槍可以，千萬別射頭！」

在危急存亡之際，唯一能做的就是認命。我到現在還記得以前發生過的一件事。

那是我還在職的時候，有一次擔任現場指揮官，負責帶隊圍剿黑幫大本營；當時某幫派底下各堂口彼此鬥爭正激烈，我們挑這種時候去攻堅，隨時都有被請吃慶記的危險。攻堅時通常是由位階高的人走第一，而我既然是現場指揮官，當然就是由我站第一個。我和另外一名員警兩人一左一右靠在門側準備破門而入時，那位屬下的手還在微微發抖。

順便補充一點，慶記是子彈的意思。

你有過擔心挨槍、害怕吃慶記的時候嗎？

在那當下，我在想的是：

「會中槍就是會中，要躲也躲不了，不過至少要叫他們別瞄準我的頭。」

各位看了或許會訝異：「你怎麼可以那麼無所謂！」我只是做好了「心理建設」。「認命」並沒有那麼容易。有些人有在國外被人拿槍指著的經驗，但應該沒有人會自願撞上槍口，因此我認為刑警是一項了不起的工作。

人只要活著，總會遇到驚險場面，我們也很難估計在那當下會承受多少壓力。

這種時候，你要**以「認命」的態度去面對**，告訴自己：「假如○○就慘了，所以△△就好」，換言之也就是「退而求其次」，想想其他自己可以接受的條件。

人一旦認命，就能夠保持平常心，留得青山在，不怕沒柴燒，只要命還在一切都好說。

不是「大家一起闖紅燈就不怕」，必須是「即使快來不及也不在別人面前奔跑」！

當我還是刑警時經常挨罵，長官總是對我說：「你是幹部，非必要時不要用跑的。」因為幹部在走廊上手忙腳亂急奔，只會造成屬下不安；假設你有十位屬下，你一跑，就會有二十隻眼睛同時盯著你。

只要聽到屬下通報：「發生兇殺案了！」就算是刑警也會嚇得心臟怦怦跳。尤其是刑事課長階級的幹部，必須在第一時間立刻向局長和副局長報告，了解上級的打算才能著手偵辦，因此忍不住就會想要跑向局長室，但我們表面上還是要裝酷，說：

「沒事，別擔心，這裡交給我。」

慢條斯理地走出刑事組的辦公室，沒有慌亂也沒有奔跑，等走到屬下看不到的地方才跑——你必須有這種程度的從容。

焦急的時候，反而要放慢行動，才容易找回冷靜。

日常生活中也是如此，畢竟我們的言行舉止不曉得什麼時候會被人看到，所以要時時提醒自己：

「快要變紅燈了也不跑。」

「快要趕不上電車了也不跑。」

「上班快遲到了也不跑。」

這就是保持精神上的平常心。

不允許慌張的時候，更不應該暴露出自己手足無措又慌亂的醜態。

行動上從容不迫，心態上也才能夠游刃有餘。

神經太敏感很難存活，你需要降低敏感度求生存

人人都有感受力，有一顆敏感的心。至於敏感度的高低則因人而異。

面對同一件事，有的人什麼感覺都沒有，也有的人反應激烈。

在我仍是刑警時，經手過幾樁非正常死亡的案子，淹死、燒死、病死……死因百百種，為了確認是否為他殺，驗屍對刑警來說也是非常重要的工作。

尤其是警視廳搜查一課的檢視官專責屍體相驗，一整年裡必須面對上百具、上千具的遺體。

根據經驗，我相信「沒人喜歡屍體」，也有前輩是打從心底厭惡。

驗屍時，要從雙手合十問候開始，避免對遺體失禮。人死掉的方式不是只有病死，屍體發現的時間、地點、環境也都會造成遺體狀態不完整。老實說一想到這具屍體曾經也是活生生的人，我就覺得難過；小孩的遺體更會讓我想起自己的孩子而差點掉眼淚。

這種時候派上用場的就是刑警特有的技能——**降低自己的敏感度**。

你面對的是人卻又不是人，這樣說或許不妥，但我會把屍體當成是電影道具，這樣就不會有太多感覺。**打造鐵石心腸的自己，才能夠保持淡然繼續工作**。

你或許也會遇到難受、不想做、各種討厭的事情，這種時候只要把**人當成是道具**、**把狀況當成是在拍電影就好**，如此一來，你的心境上勢必會輕鬆許多。

刑警這種工作有時需要熱情，有時也需要**隔絕感受才能存活**。

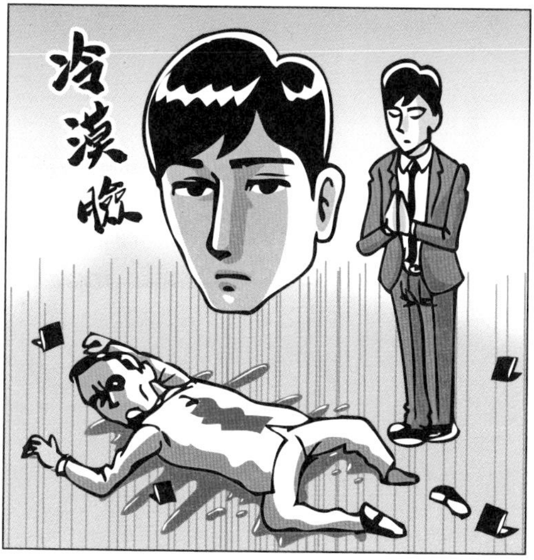

「腦袋一片空白」是大危機也是大轉機。拋開不必要的雜念再行思考！

人生中總有危機，而人們在面臨危機時，經常會說：「我的腦子一片空白。」

為什麼腦子在這種時候會一片空白呢？這是身體的機制，它要你「拋開雜念，動腦思考」，因為人一遇到危機就會胡思亂想。

「我必須趁著這個機會好好表現！」

「現在若是失敗，我就沒有後路可退了。」

「哇！想不出好點子。」

更糟糕的是無法保持心智正常，還會出現手抖、額頭冒汗等生理變化。

刑警的工作要面對接二連三的危機，有人說：「危機就是轉機」，但對我們來說危機就是危機。

以前曾經發生犯人在刑警偵訊時脫逃。這是重大危機，遇到這種事也真的會腦子一片空白。

而「死定了！我搞不好會被開除！」是雜念，大敵當前之際不適合去想這種事；遇到危機時，你必須想的是「眼前第一步該做什麼？」在此之前你需要「**慢慢深呼吸**」，把新鮮氧氣送到腦子裡的每個角落，促進血液循環。以結果來看，深呼吸有助於放鬆身心。

唯有在這種狀態下，你才能夠聚精會神思考「我要怎麼擺脫危機」、「我的第一步應該做什麼」，如此一來危機才有可能化為轉機。

對方的立場高過自己時，改以師生關係對話

有些人與地位高於自己的人談話就會緊張、尷尬，導致對話不順利；也有人會說不出話來，情勢完全由對方掌控，事後才自責後悔，在心中留下疙瘩。聽我說，別這樣。

順便補充一點，刑警面對的對象包羅萬象，而多數的政客、資產家、藝人等在收入、社會地位、知名度方面都明顯高過刑警，他們生活在與刑警不同的世界，也是各自領域的專家。

當你知道對方的地位高於自己，你就會不自覺鞠躬哈腰，這樣辦不成任何事，這是因為你缺乏膽量。

說實話我們的知識、經驗值比不過地位高的人，既然如此就反過來向他們請益。我們平常可沒機會直接聽到政界、投資界、演藝圈的第一手消息，現在不是緊張的時候了。

我在這裡給各位一個建議——**與地位高的人談話時，把對方當成自己的老師看待即可**。學生向老師請教時不會緊張吧？你**只要想成自己是在「增進知識」就行了**。

我還是菜鳥刑警時，每次與地位高的人談話，就會覺得聽到的所有內容都很新奇有趣。話雖如此，站在我的立場，我必須假裝自己有聽懂才行。

對了，說到師生關係，警察學校的教官都很嚴厲，現在回想起來，我以前經常因為不合理的要求挨罵、罰跑操場，當時雖然經常在心底咒罵對方，但我好奇那位平頭教官如今過得好嗎？那些往事如今都已成為緬懷年輕歲月的回憶了。

二選一很難選時，選困難的「做還是不做？」

好幾年前，我還是超嫩的菜鳥警察時，曾經遇上一件事。當時我在派出所值勤，接到無線電通報說：「有一名持槍男子正在逃竄！」我急忙趕往現場，才走過大樓轉角，正好就撞上從另一側跑來的男人，而且對方的長相酷似通緝海報上的人。

「就是這傢伙嗎？」

對方一看到我立刻舉槍對著我，我情急之下也拔槍指著對方，陷入要不要扣下扳機的抉擇。

開槍？還是不開槍？

這是難以抉擇的難題。假如我心智不夠強大，一定會腳軟選擇「丟下槍逃走」。

但身為警察這樣做實在很難看，簡直丟臉丟到太平洋，我需要打破自己現有的龜殼，鼓起勇氣去面對現況，於是我大喊：

「把槍放下！否則我開槍了！」

結果平常養成的習慣就在此時派上用場。當你**面臨「做或不做」的二選一狀況時，**我建議你**選擇困難的那條路走**。

養成習慣，在不曉得該如何選擇時選難度較高的那邊，這樣一來即使失敗，也有助於心智成長。**反正都會失敗，選擇門檻高的那邊不但能盡力發揮，心情上也對得起自己**。

附帶一提，那位持槍歹徒大概是被我的氣勢嚇到，真的乖乖放下槍束手就擒，我大大鬆了一口氣。這話我不敢大聲說，不過我當時真的緊張到差點尿褲子。

刑警基本上不怕鬼吧……但為了保護別人願意挺身而出！

我跟刑警前輩們在刑事組辦公室閒聊時，突然有人提到「相不相信有鬼」的話題，於是某位前輩說起一樁往事。

某天，他負責替一位老人驗屍，從頭到腳仔細檢查老人的遺體是否有外傷，結果發現老人的死因不是外力造成，而是病死。

當天晚上前輩回到家裡，上二樓臥室就寢，突然看到窗外有人影，他好奇那是什麼，凝神細看才發現那是一位模糊不清的老人站在那兒。對方朝他看過來，點頭打招呼後就消失。前輩心想：「那個老人好像在哪裡見過……」對了，就是驗屍時看過的那位。

前輩笑著告訴我們：「我家二樓窗外沒有能站人的空間，他大概是來道謝的吧。」

「不會吧！」我們聞言都嚇到說不出話來。

順便補充一點，刑警固然身經百戰，但我們沒有偵訊過鬼；如果臨時需要偵訊鬼，我也有辦法不害怕，就是告訴自己——**我是為了保護某人**不受鬼侵擾。刑警必須保護的對象是被害人和市民，所以面對鬼也不怕。《鬼滅之刃》的吾妻善逸也是如此，他雖然膽小又愛哭，卻會為了夥伴挺身而出，這就是他受歡迎的原因。只要像吾妻善逸一樣**為了別人，人就會變強**。（注：《鬼滅之刃》為日本知名的漫畫作品，描述主角炭治郎為了找到讓變成鬼的妹妹變回人類的方法，而踏上斬鬼之旅，吾妻善逸是其重要夥伴之一。）

你一定也有想要守護的重要對象，那或許是你的家人、親人、情人；想想你要如何保護對方，你就會勇往直前，不再害怕，你會發現自己其實遠比想像中堅強。

宗教團體犯罪首腦教的方法——學會用冥想冷靜自己

我曾經負責某宗教團體的詐騙案，他們把不值錢的壺等物品高價賣給新信眾賺取暴利，是很常見的不肖商業行為。我看到該宗教的日課是早晚在道場進行冥想，就在偵訊時問教主：

「冥想有什麼效果？讓他們冥想的目的是什麼？」

「警察先生，這件事我只告訴你，冥想是為了避免信眾去深思，也就是洗腦。他們如果想太多，我們就不好辦事了。」

「原來如此，你們的打算真可怕。」

我為了查案需要做過一番調查，結果發現真如那位教主所云，**冥想**在許多領域都被視為**不去想沒有意義的事情**，**鍛鍊心智的方法**，也可用來改善憂鬱症。

順便補充一點，**冥想只需要放慢呼吸，坐正姿勢，肩膀放鬆，閉眼專注在自己呼吸聲上**，任何人都能輕鬆做到。

所以從那件案子之後，只要一有空，我也會在警局的體技館等地方進行冥想，讓自己放空。

尤其是調查不順利而心生不安、陷入迷惘時，透過冥想提高專注力，就會想到好點子，進而消除不安。

我是說真的，不是開玩笑。

只是在我的經驗上來看，最好別在肚子餓的時候進行冥想，要做就在吃飽飯之後；空腹冥想時一旦肚子發出咕嚕聲，腦海中就只會想到食物。看來冥想也敵不過食慾。

測謊機能夠辨識情緒起伏？練就雷打不動的鐵石心腸

各位知道「測謊機」嗎？測謊機是能夠同時記錄腦波、脈搏、血壓、出汗狀況等的裝置，可藉由生理狀態檢測心理反應，幫助進行判斷。

測謊進行的方式是由日本科學搜查研究所，簡稱「科搜研」的調查員（注：臺灣是由刑事局鑑識科的鑑識人員）對嫌犯提問後，觀察對方的反應。規則是嫌犯對於所有問題的答案一律都要回答「不是」，予以否認。

當你問嫌犯：「人是你殺的吧？」嫌犯必須回答：「不是。」此時嫌犯就會有些情緒反應，使測謊機的指針大幅晃動。順便補充一點，測謊機通常是在偵訊開始之前就會使用，否則等到偵訊完，嫌犯已經知道會問哪些問題，就很難判斷嫌犯的反應是真是假。

有一次科搜研的調查員問我：「有可能身心受到影響也不表現出來嗎？」我說：

「那就只能**練習鐵石心腸**了。」

「鐵石心腸？」

「原則上測謊問題都是針對已發生的事情，案件也是已經發生的事情，換句話說，只要忘掉那些會引起身心反應的過往，當作不曾發生，就能夠進入鐵石心腸狀態，不受測謊影響。」

簡言之就是**「從腦袋消除過去的行為（或是失敗的經驗）」，藉此消除對身心的影響**。

從此之後，我在案發現場感覺快要受到影響時，我就會**刻意不去想起過去的失敗**。

畏縮和情緒波動都是我們人類的附加反應，有時是與過去的失敗經驗有關，這種時候最好忘掉以前曾經發生的憾事，就能夠阻止內心產生情緒波動。

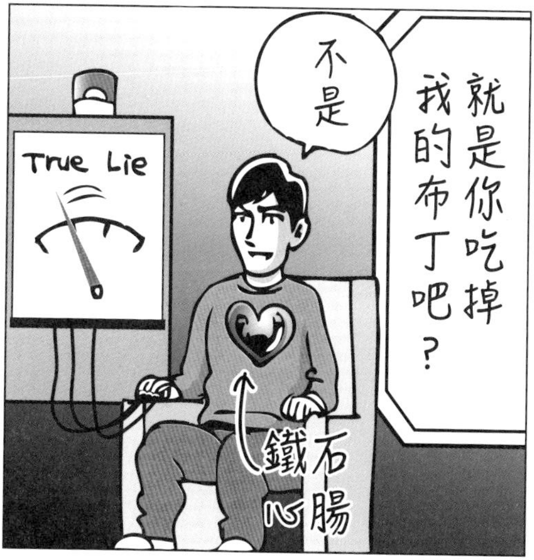

從跟監易容察覺到沒有人有那麼多閒工夫注意別人

跟監是刑警的專利，有時會變裝成西裝打扮的業務員，有時是工地工人，有時假扮成發傳單的兼職人員進行跟監。

易容變裝的訣竅在於「融入環境」，以自然的打扮盯梢。

刑警是易容變裝的天才，連怪盜亞森羅蘋都會嚇到。

問題是即使做好萬全準備，在跟監時也會因不小心與對方視線對上而心驚，或是忍不住撇開視線，露出不自然的態度。

只不過在你以為對方已經識破時，對方其實根本沒注意到，也多半沒把你看進眼裡。

你可能會覺得自己易容變裝很丟臉，不過這也是心智鍛鍊的一環。

我最完美的變裝就是手持鏟子的工地工人！

你或許也曾經因為「這樣做很丟臉」、「會被笑」、「會被當成可疑人物」，太在意他人的目光而不敢鼓起勇氣踏出一步，但我必須說，**在你面前的人其實根本沒有在看你、沒在聽你說話**。即使你在那當下覺得丟臉，人的記憶通常很快就忘了，所以別那麼擔心。

事實上你的自我意識過剩或許才是問題。太在意他人目光容易疲憊，**消除「有人在看我」的想法**，就是易容變裝的奧義。

我想各位頂多會在萬聖節的時候變裝吧，我希望你們別在意周圍的目光和耳朵，提醒自己沒有人在看、在聽，起身試試，你就會明白我的意思。

「防彈衣」是連心臟都能保護的小物。你也要準備一個專屬自己的心臟護身符

我在地方分局時曾經遇到槍擊案。

「嫌犯疑似攜械，請相關同仁即刻前往現場，並小心避免受傷！」

聽到無線電上這麼說，辦公室的刑警們都很緊張。我穿著防彈衣跳上偵查車，車子當然是響著警笛狂奔，但所有人都聚精會神在聽警用無線電，希望得到更多消息。

「攜械……嫌犯很激動嗎？有人受傷嗎？現場情況如何？」

來到案發現場附近就更加緊張；畢竟刑警也是人，不可能不緊張，不自覺就會伸手抓著自己身上穿的防彈衣。

各位應該沒機會近距離看到防彈衣吧。防彈衣內層挾著即使中彈也能夠擋下子彈的鐵板，實際上重達六公斤，穿在身上十分沉重。

「有這東西保護我，不怕。」

我這樣告訴自己。這種時候光是穿著防彈衣就會感到無比安心，因此不安時我會緊抓著防彈衣。

你也會有不安或恐懼的時候吧，假如你也能有一件防彈衣該有多好，但你不可能擁有，因此你可以**隨身攜帶安撫自己的物品，例如：能夠緊握的護身符或雙親的遺物**。緊握這個舉動似乎也能有效減輕壓力。

但是手汗嚴重的人恐怕會讓護身符濕答答，減少保佑效果，這種時候就連同手帕也一起握住，隔絕手汗。

人的恨意太可怕，在對方動手前先拍馬屁！

刑警這個工作有時很痛苦，多數人對我們是感謝，不過罪犯最恨我們。

各位知道「還願」嗎？這原本是指向神社佛寺祈求的事情實現後，回去向神佛道謝的意思，不過在日本還有另外一個意思，就是指服刑完畢出獄重返社會的受刑人採取的報復行為。

這些人沒有人性，有的刑警或許受到過威脅，有的或許影響到家人，真要舉例沒完沒了，想到我都胃痛。

我甚至收過受刑人寄來的威脅信函，當然這種行為有時會構成恐嚇罪，不過收到信的人不會坐視不管。

「你也有家人吧？」這樣的字句雖然沒有明目張膽地恐嚇，卻是赤裸裸的威脅。我不好大聲怒吼，但我會在心裡大叫：「每次都要為了那些威脅膽顫心驚的話，日子要怎麼過下去？」

人的恨意講真的很可怕，嫉妒、吃醋等引發怨恨的例子同樣屢見不鮮；即使不是自己的錯，往往到最後也會演變成這樣，只能說人世間沒有那麼好混。

這種時候，你可以**經由第三者轉達「我經常在想你」的訊息給對方**，利用「他在稱讚你」、「他說你很了不起」等話語提高對方的自尊心，沒有人會討厭得到稱讚，或許也沒有人不喜歡受到吹捧，對方一定會改變原本認為你是「可恨的傢伙、討厭的傢伙」的認知。

在對方下手之前，先下手為強！

刑警才知道的祕話①

情愛、錢財、搜查中止……聊聊刑警私底下的故事

警匪電視劇無論在任何時代都相當受歡迎，畢竟每個人都喜歡有正義感、維護正義的英雄。但警匪劇終究只是娛樂，實際情況並非真如電視上所演的那樣。最接近現場真實情況（應該說忠實呈現）的節目，就是《警察二十四小時》這類紀實節目。這類節目以前播得很頻繁，甚至頻繁到看到都覺得厭煩，所以可以確定收視率一定不錯，我以前也經常收看。（注：《警察二十四小時》是日本警察活動的系列紀實節目之總稱，紀錄警察日常以及各種類型的案發現場等。）

話雖如此那畢竟是電視節目，想必有人會認為那一切都是演的。絕對不是！要怎麼演？採訪小組不但全天候跟隨警察和偵查人員拍攝，警察也沒有那種閒工夫去上演技訓練課，按照電視臺想要的樣子演；節目中經常出現酒駕醉漢爛醉如泥的不像話姿態，那些也不是演的，而是真的喝醉，你或許不清楚，不過全世界

的醉漢都是那副德性。我還是派出所員警時遇過很多醉漢，所以我很懂得醉漢的生態。

回到正題，既然這一段的標題是刑警私底下的故事，就必須聊聊背地裡有哪些故事。考慮到人人都對情愛話題最感興趣，所以我寫在第一項，「刑警會與刑警同事交往或結婚嗎？」答案是——會。不管是哪種行業都有職場戀愛，沒道理因為是刑警就不會發生。

說起來刑警的工作原本就很容易受到案子影響，即使人在家裡，也可能一大清早或三更半夜臨時出動，休假時間也不固定，執勤時間是如此不規律，所以老實說很難跟一般人交往，因為一般人難以理解我們的工作。

附帶一提，我在菜鳥時期也曾經與一般女性交往。某天原本講好下班後要跟女友約會，偏偏在我就要下班時臨時有案子發生。

我嘆氣：「為什麼挑這種時候……」但這也不是我能夠左右。那個時代還沒有手機，我只好先去跟女友相約碰面的車站，對女友說：「抱歉！妳回去吧！」不用說對方一定很不高興，後來我也花費不少功夫賠罪。想想假設我們是同行，對方必然能夠理解我的為難。跟刑警交往真的很辛苦。

接下來聊聊與「金錢」有關的事情。刑警的薪水老實說並不差，努力考過升等考試盡早升級，就能夠擁有中小企業老闆水準的薪資，或許也相當於大企業總經理的等級，而且當成「警察宿舍」的社會住宅也相當便宜，只要付幾萬日圓就有自己的房子，各方面的福利都很好。

另外，警察這項職業的信用評分也高，找銀行申請房貸可以貸到相當高的金額，好處實在很多。

問題是，警察的薪水高也是有原因的，首先是因為輪班出勤津貼，加班更是常有的情況，跑現場還會遭遇危險，而且必須接觸一般人不會去碰的東西，再加上無法自由排休，也不是隨隨便便就能出國旅遊，像這樣的工作如果薪水給得少，根本不會有人願意做。

接下來換個不同的角度，有人問過我：「是否遇過高層施壓阻止搜查的情況？」我猜你是看了警匪電視劇才有這種好奇？關於這件事，我提出的是我個人的想法，我認為「有」，只不過案子畢竟是實際發生了，即使施壓也不可能無罪釋放，尤其是殺人、搶劫等罪行重大的犯罪嫌疑人更是不可能輕輕放過，否則刑警就會因為涉嫌包庇而遭到逮捕。

假設真有施壓吃案的情況，通常應該跟政治有關。違反公務人員選舉罷免法、違反政治獻金法等都是好例子不是？為什麼？因為日本全國的縣警總局搜查二課課長都是職業官僚（注：日本公務員分為「職業官僚」與「非職業官僚」兩種系統，兩者的考試制度不同，職業官僚往往是未來擔任各局處首長、政客的跳板，也是各政黨政治角力的棋子。非職業官僚則是普通公務員），收到來自警察廳大本營的指示，不得不照著做。各位也曉得警察廳是中央行政機關，考量到組織的好處給政客一些方便也未嘗不可。

也就是說，這方面的事是否有政府在背後操作不得而知，但至少第一線的刑警是不允許吃案的，這點我姑且可以保證。

關於警察不能曝光的故事，我提到的不多，讀者對於刑警有什麼樣的印象呢？刑警有不能曝光的一面，當然也有展現給人看的樣貌，這部分與一般人沒兩樣，我們也有父母家人，也有個人嗜好，就跟尋常人一樣生活在各位身邊，唯一不同的是我們的正義感比各位強了一點，而且更重要的是我們是為了使命感而工作。如果各位因此對於刑警工作多了一份認識，筆者甚感榮幸。

第 2 章

刑警不能情緒化！保持冷靜的意志力鍛鍊法

成為刑警後，我有一種體悟，就是「衝動就輸了。」
衝動殺人也是輸家，殺人不存在任何正當合理的藉口。

人際關係總會存在不和諧的雜音。
警察社會也是如此。

有需要達成的業績在催促。
即使有正確的監督管理，還是會有做不好的地方，還是會挨罵。
再加上上下關係這類毫無意義的壓力，也令人筋疲力盡。

受到一時的情緒影響，無法冷靜判斷，
因憤怒而衝動行事，不是好事。
話雖如此，我也不推崇吞下那些不滿的做法；
吞下異議與不服氣只會讓心愈來愈軟弱。
因此我希望各位擁有不認輸的堅強。

本章將告訴各位，太情緒化的人如何冷靜下來的方法。
我在本書的開頭也提過，因憤怒而衝動行事，將會導致不良後果。
我就是要避免演變成這種情況。

我希望你退後一步，從第三者的角度審視自己，
注意自己的姿態、行為、用詞。

學會排解自身壓力、對付外來壓力的方法，
以及如何面對人際關係差的人等，
我希望你懂得在適當的場合應用這些知識。

即使痛苦，衝動就輸了——在心裡與合不來的人斷捨離

人只要活著，一定會遇到無法相處的人，畢竟日本人口約有一億兩千五百萬人，全球約七十七億人，有這麼多人存在，想當然爾一定會有合不來的人。

有時最有好感的藝人排行榜第一名，也剛好就是最厭惡的藝人排行榜第一名。換言之，有些人就是很對你的胃口，而有些人則否。假如所有人彼此都合得來，每個人都面帶微笑，反而感覺可怕吧。

我因此想起自己在當刑警時，曾經遇過一件令人同情、無法開口指責的事件。

某大企業發生屬下傷害上司的案子。那名屬下自從進公司以來，一直受到不合理的霸凌，這就是動機。

遭到逮捕的屬下當然被公司開除，失去了工作，報紙、電視也都有報導，他的老婆也因此提出離婚。

每次遇到這類案子，我總會心想：

「**衝動就輸了**。」

人類一旦失去冷靜，就會一時衝動做出平常不會做的事。「焦慮」、「煩悶」也要小心。**無論遇上任何麻煩，最理想的自保機制都是保持冷靜**，這是我在刑警工作學到的。

就跟這件案子一樣，你也因為跟某人不合，每天過得很疲憊吧。假如**與對方的人際關係沒辦法輕易斬斷，就把對方列入討厭鬼名單第一位，至少在心中與對方斷捨離**。

但是就算你再怎麼討厭對方，也千萬別弄什麼詛咒娃娃，這樣會把對方嚇死。

高智商罪犯與警察的戰爭是相愛相殺，站在敵對立場互相切磋

在我仍是刑警時，有很長一段時期負責高智商罪犯，經常要面對詐欺犯，我認為再沒有任何生物像詐欺犯一樣，會把聰明才智用在做壞事上。他們很機靈，懂得配合世界潮流、時勢等，編造出新的詐騙手法。例如：最近因 COVID-19 疫情而出現的補助金資格不符詐騙、東京奧運門票詐騙也是如此，詐欺犯都是挑戰新事物的天才。

他們的行為當然不值得稱讚，不過挑戰的精神倒是值得敬佩。

另一方面，處理這類詐欺犯的刑警，面對層出不窮的詐騙案件，也只能抱怨「又有人被騙了」、「這個週末又不用休假了」、「工作堆積如山了」。

但我發現那些詐騙行為也砥礪了我們的刑警精神，處理新型態犯罪成為我們學習新事物的機會。

愈是前所未有的案件愈難逮到人，這也能夠磨練我們警方的意志力。再者，共同面對相同目標，刑警同事們也能夠相互切磋，因此**每偵辦一樁新案子，刑警的實力就會變得更強**。

警匪雙方就像貓抓老鼠，罪犯會不停地下戰帖：「這次失敗被抓，下次我一定會成功。」因此刑警也不能鬆懈，**不能受到固有觀念束縛，必須經常吸收新知，訓練自己**，簡言之就是利用「怪盜魯邦三世與錢形警部」的敵我關係提升自我，只不過我認為自己是比錢形警部更厲害的警察。你也可以試著找到對手，透過切磋琢磨好好鍛鍊自己，如何？

（注：《魯邦三世》為日本知名的動漫作品，描述怪盜魯邦三世與夥伴進行偷盜、冒險的故事；錢形警部則是專門追捕他的刑警。）

把令你感到有壓力的事寫在機密筆記本裡——面對自己的內在，就能消除壓力！

刑警經常隨身攜帶的物品是「備忘錄」，我工作時也經常帶著Ａ４大小的筆記本用來寫「備忘錄」。你覺得我很認真？那是因為除了「備忘錄」，我想不到其他稱呼，直接說是「壓力日記」也可以。

這本筆記本裡寫的是當作搜查參考的事物、偵訊筆錄的事前調查、又發生刑案時自己的心情等，是不能給任何人看到的最高機密筆記本。

為什麼不能給人看？因為備忘錄裡寫的雖然是當下的不安與壓力，但之後的表現會愈來愈好。

「跟監跟丟了。但如果被對方發現，就是不容饒恕的失誤。」

「最近只能嘆氣。不想看到那傢伙的臉。」

「〇〇組長給出這種不合理的指示，老實說我很火大！」

關於備忘錄的內容，我只能透露到這邊，總之就是**老實寫出負面的想法，把不安和焦慮化成文字，與內在的自我面對面**。變成文字可以幫助你冷靜面對並分析自己的心理狀態。

書寫雖然無法立刻重新振作你的心智，但分析每個時刻的壓力，就是找到對應方式的絕招。

我也建議各位偶爾回頭看看寫下的備忘錄，透過面對每日的壓力，你可以釐清自己應該做些什麼。

這些話在別人面前說出來或許會挨罵，但是把這些想法寫在筆記本上就不怕了吧？我後來才知道，**寫下負面想法能夠調節自律神經**。無法說出口的內容就寫下來，別一直積著壓力，盡情釋放吧！

沒自信時就會低著頭，所以就算是反重力也要抬頭挺胸

缺乏自信的人走路就會彎腰駝背。各位在電視上也看過犯罪嫌疑人遭到逮捕時，總是低頭被警察架著對吧？兩者是同樣意思。

人在感到愧疚時，就無法堂堂正正露臉，反而會低著頭走路。

偵訊時也是如此；剛開始大吵大鬧的囂張傢伙，一旦被拿出來的證據打臉，就會低下頭說不出半句話，上半身往前彎，一副垂頭喪氣的姿態。

公司或學校也有人是一大早就低著頭走路吧，他一定是遇到什麼不好的事，料想這一整天都不會有精神。

當你不自覺想要低頭時，你就必須違反重力，**把背打直，張開胸膛。只要這樣做，外表看起來就有很大的改變。隨時注意提醒自己抬頭。**

刑警看起來有點跩，就是基於這個原因，導致社會上有很多人對刑警產生誤解，原因固然合理，但我覺得心情複雜……

菜鳥刑警最明顯表現出來的就是姿勢；搜查陷入瓶頸、情況不如預期時，他們往往會低著頭來向上級報告，我一看到他們的姿勢就知道不會有好消息，所以我會提醒他們：

「過來報告要抬頭挺胸！」

心情低落沮喪時，不自覺就會低頭，我也是這樣，可是你反其道而行，試著抬頭挺胸走路試試，**只要改變姿勢，心態也會積極正面**。

已經發生的事無法挽回，情況緊急時反而要先「坐下」

警察遇到緊急情況乃是家常便飯。

「有男子揮刀施暴！」

「有人在打群架！」

「有人滿身是血倒在地上！」

一整年都少不了這些報案內容，神經不夠強悍根本承受不了，我們必須練就出強韌的意志力。

刑警也是別人家的孩子，有時情緒高昂，有時也會害怕腳軟，但是當刑警最重要的是要避免因恐懼不安而失去冷靜，否則無法做出正確判斷。

在我擔任刑事課長的時代，經常處於那種環境之中，習慣後就不會為了小狀況而激動。不過一般人遇到這種情況時到底該怎麼辦呢？

首先你要**慢慢在辦公桌前的椅子坐下，試著深呼吸**。這時候四周的嘈雜會暫時消失，你可以開始想想：「我要怎麼做才能突破眼前的困境？」

人活著總會遭遇各式各樣的緊急情況，例如：「睡過頭遲到」、「工作出錯被客訴」等，一想到接下來可能面對的情況就只想逃避。這種時候我會建議你**先坐下，好好想個對策**；快被外在壓力壓得喘不過氣時，你更需要冷靜，提醒自己已經發生的事情無法挽回。

只不過有時我們也可以閉上眼睛睡覺逃避現實，睡眠不足時更適合用這招。而這也說明你的神經已經夠大條了才能夠這樣。

聽到酸民抱怨：「警察吃飽太閒！」就算心情很差也有辦法漂亮打臉

我也經歷過在外面到處趴趴走的巡邏員警時代，「巡邏」也是警察在管區執行的勤務之一，巡邏員警當然也可以取締交通違規（注：這是日本警察的情況，臺灣的警察執勤相關規定稍有不同）。

情節輕微的交通違規者多半喜歡雞蛋裡挑骨頭，長得人模人樣卻口出酸言酸語，說老實話聽在警察耳裡令人很沮喪。

我到現在仍然記得當時曾經取締一位把摩拖車臨停在平交道的中年男子。

「這種違規行為也要取締，你們警察真的吃飽太閒！」

「你就是為了做這種事才當警察的嗎？」

「去抓那些大壞蛋啊！」

我懂他為什麼要這樣抱怨，可是聽到這些話真的感覺很挫折。

於是我對著這位年紀大我一倍的男人說：

「我有家人，我想你也有家人，我今天在這裡執行勤務是因為不希望你出意外讓你的家人傷心。騎車小心。」

結果那位違規男人聽完，就咬牙切齒地離開了。

人活著，就是會聽到一些不合理的指示或投訴抱怨，這種時候隱忍或許重要，但一旦對方越線，我希望各位「**保持禮貌**」、「**帶著體諒的語氣**」勸導對方，「**千萬不要一時衝動而太情緒化**」，對方搞不好會聽進去。

沒有必要凡事都忍氣吞聲。

人的距離代表心的距離——意見不合就慢慢拉近距離

難搞的上司、討人厭的前輩、無法喜歡的同事……生活中存在與自己不合的人，這就是人類社會。

我在刑警時期也有難搞的上司，我們的關係簡言之就是「意見不合」，我不曉得他為什麼老是針對我發脾氣，平常連視線都不願意跟我對上，很明顯散發著厭惡的氣場，感覺很差。

後來我才知道他會做出這種態度，似乎是因為我蠻橫無禮、看起來很囂張。身為刑警卻與上司不合，這可說是最糟糕的情況了，我因此無法隨心所欲進行偵查，而且每次要報告時，總要面對上司的雞蛋裡挑骨頭，實在叫人受不了，也令人沮喪懷疑自己到底是為了什麼而報告。

也因為對方不喜歡我，檢查工作比較嚴格，占用了我很多時間，延宕了我原本要逮捕犯人的計畫。我希望改善這種情況，於是我想到：

「意見不合是因為不了解。為了了解對方（上司），我應該刻意找事情接近他、與他商量。」

就像在跟馬相處，必須輕撫馬背，縮短與馬的距離一樣。警察之中有騎警，所以也擅長與馬相處。那位上司剛開始的態度很蠻橫，不過我們的關係後來漸入佳境，他慢慢開始願意找我說話。

人與人之間的物理距離，也反映了雙方心理上的距離；只要自己願意一步步拉近距離，對方也會靠近。

好了，你今晚就挑戰找自己處不來的對象縮短距離吧。

總是預先做好最壞打算，才能夠感受最幸福的「當下」

電視新聞中出現犯罪或意外事故現場時，相信很多人都會認為：「真倒楣」、「好可憐」、「幸好我不在那裡」。

問題是你不能保證自己哪一天不會遇到同樣情況。刑警也經常在想：

「假如捲入這類事情的是我……」

因此我希望各位**把自己代入這些刑案中想像一下**。

當你發生車禍，首先必然會覺得痛，搞不好會沒命。車禍住院就無法工作，收入會銳減，或許就沒飯吃，還可能留下後遺症。

面對這一連串負面的狀況，你或許覺得「儘管這條命還在，我卻無以維生」因而陷入低潮。這是最慘的情況。

除了車禍之外，世上還有許多人都像這樣，遭遇到突如其來的不幸。他們當然值得同情，但我希望各位先從客觀的角度思考。

現在的你又是什麼情況呢？有像他們那般不幸嗎？**相較於發生意外事故的人，相較於遭槍擊案牽連而受傷的人，你的煩惱是否只是小問題呢？**

我知道幾年前有位年輕人遭暴徒襲擊導致下半身不遂，但他現在仍舊朝著夢想在努力。他說：

「這條命能夠保住，我就已經夠幸運了。只要活著，就有我能夠做的事吧。」

你比那些不幸的人幸運許多，所以我希望各位積極正面活下去，我希望你們感受一下自己此刻的幸福。

鍛鍊肉體能夠鍛鍊意志力，利用武術強化精神！

你問，當警察的人全部都很強大嗎？當然不是，仍然有許多年輕人在心理層面上很幼稚軟弱。

警察在通過任用考試之後，高中或專校畢業者約一年、大學畢業者約半年，要進入警察學校接受嚴格訓練。早上從點名、慢跑開始全天候的密集課程，也有考試，因此通常需要念書到熄燈時間。（注：以上都是日本警察的情況，與臺灣警察的制度或有出入。）這樣的生活對於原本只顧著吃喝玩樂的年輕人來說很吃力，有些人入學沒多久就在三更半夜逃走，有些人休假返鄉後就沒再回來，也有些人是直接休學，諸如此類的情況時有所聞。這樣軟爛的菜鳥們通過訓練畢業時，已經都變身成可靠的警察。

那麼，精神層面需要什麼樣的訓練呢？

就是我在文章開頭提到的柔道、劍道等武術。各位也曉得，警察執勤時，有時也需要豁出性命打鬥。

換言之，**必須以古代武士的精神為目標進行訓練**。畢竟那是你不殺人就會被殺掉的世界。具體來說就是把「技能練習」和「精神鍛鍊」合而為一，相互滲透提升，一點一滴持續訓練武術技能與精神，最後才會成為真正的武士。

警察跑現場查案時，也會遇到需要與暴徒打鬥的局面，如果在動手之前，警察就輸給對方的氣勢，那就完了。**透過武術保持「不輸給對方氣勢的心」很重要**。

你是否也想擁有跟武士一樣強韌的心呢？那麼，請務必去警察局體技館開辦的柔道、劍道教室體驗看看。（注：臺灣各地的警察局也有開辦基礎柔道訓練、兒童柔道營等課程。）

坦白說出壓力，就能夠解放內心痛苦變輕鬆！

刑警的工作經常要對抗外來壓力，還有檢舉案件數、舉發率、破獲數等，所謂的「業績」壓力。順便補充一點，「業績」指的就是警察勤務的目標，警察工作全部都是以數字目標進行管理。

尤其在我擔任中階管理者時，常常要接受總局派來的督察定期仔細檢查業績，在我的立場來說十分痛苦。為了擺脫這種外來壓力，我該怎麼做？

很簡單，「**開口坦白自己的弱點**」就好。

當然對象並非任何人都可以，你只能夠對了解實際情況、值得信賴的屬下袒露自己的軟弱。

「慘了，業績達不到。」

「要怎麼做才能達到？」

「目標數字太高了。」

只要袒露自己的弱點，心情上就會輕鬆許多，心胸也會變得更開闊。

「督察去吃大便！」

呃，這種話就算撕了我的嘴也不能說。

抗壓性低的人總會想要「掩蓋、掩飾」自己的弱點，以為曝露自己的弱點會對自己不利，事實上正好相反，**曝露弱點**，**人才能夠變得更強大**，這在心理學上稱為「灰姑娘效應（The Underdog Effect）」，意思是人們只要一聽到某個人遭遇可憐，就會想要支持他。**只要你示弱，身旁其他人也會為你加油**，所以你一覺得有壓力就坦白承認吧，這樣才能夠解放你內心的痛苦，讓你變輕鬆！

制服警察下雨天也不撐傘，空出雙手才安心

派出所的警察原則上要穿制服執行勤務，執勤的二十四小時都要保持警戒。過去曾經發生警察趕往銀行搶案現場協助，卻遭獵槍擊中的案子，因此警察執勤時必須時時刻刻注意自身安全；假如你發現自己隨時都被當成槍靶子，一定也會害怕。有不少警察對此也同樣感到不安。

話說回來，派出所警察有過這樣的前例之後，對銀行搶匪格外小心，也會在銀行附近巡邏。提到銀行，各位或許聽馬克吐溫說過：「銀行家就是在晴天借傘給你，雨天就要討回的人」吧。

事實上**警察有「執勤時遇到下雨天也不能撐傘**」的規定，各位知道嗎？我想你也不曾在街頭看到警察撐傘。

下雨天基本上規定要穿著雨衣行動，而這樣的規定是有原因的，因為如果不用撐傘，雙手就能夠維持淨空狀態。

也就是說，**不撐傘是為了即時處理突發狀況**。

因此手銬、警棍、無線電對講機等裝備全都是掛在腰上，便衣刑警的手槍也是收在上衣底下的槍套裡，方便立刻掏出來使用。**雙手保持淨空，才能夠安心**對付臨時狀況。

假如你平常慣用手提公事包，我建議改為後背包，把雙手空出來，這樣一來當你在車站遇到貧血昏倒的年輕小姐，才能夠牢牢抱住對方，成為帥氣的英雄。這樣也不壞，不是嗎？

只要一次就完蛋，毒品千萬不能碰

警匪電視劇經常出現一個畫面——刑警搜索時發現裝白色粉末的袋子，就會把袋子弄破，小拇指伸進袋中沾上粉末，放入嘴裡嚐一嚐，說：

「這是白粉。」

附帶一提，白粉是毒品海洛英的別稱，外觀是白色粉末狀所以稱為「白粉」。

但是請各位仔細想想，舔了白粉應該會以施用毒品的罪名遭到逮捕，況且也不知道那是什麼毒品就放到嘴裡，這樣的刑警未免太勇氣可嘉，一個弄不好也許會中毒身亡，這才叫做「危險刑事」，我們才不會做出電視劇的舉動。在毒品搜查上，刑警們也都很小心翼翼。

提到毒品，各位經常看到藝人或名人吸毒被逮的新聞吧，他們吸毒的原因多半是「無法寫出曲子」、「工作壓力太大」、「太累」等，也就是內心脆弱所導致。

但是，酒井法子在遇到警察臨檢盤查時，拒絕並撞飛警察後躲起來；飛鳥涼則是在尿檢時拿茶水取代尿液；以前勝新太郎在機場撒謊：「一個不留神才發現褲袋裡被人放入毒品。」這些人的行徑如此大膽，難道只有我一個人認為他們的內心其實很強大嗎？（注：酒井法子為日本女歌手及演員；飛鳥涼為日本男歌手；勝新太郎為日本男演員。）

不要隨便碰毒品，不碰就是最好的做法。

我當刑警時也看過許多人因為吸毒而葬送人生，他們每個人說的話都一樣——「早知道那個第一口就不要碰……」第一碰尤其關鍵，因為毒品容易上癮，戒也戒不掉，內心脆弱的人必須特別小心。**「只要碰一次就會要你命」**這句話請銘記在心。

這世上到處都是詐騙！別自以為是「我才不會被騙！」

詐騙受害者至今仍是每天都在增加，日本警察每年都會針對特殊詐騙（我啦我啦詐騙、信用卡盜刷）的發生狀況進行統計，日本全國截至二〇一九年為止，已經連續八年詐騙金額超過三百億日圓，而這些還只是有出面報警的金額，如果加上沒有報案、詐騙未遂的情況在內，金額很可能更高達一．五倍甚至是兩倍。詐騙行徑在日本社會不斷發生。

「新聞都有報導了，為什麼還是會有人被騙？」我在演講時，經常被問到這個問題，其中一個最大的原因是——日本是高齡化社會。遭詐騙損失金錢的人，有八〇%以上都是六十五歲以上的年長者；人的年紀愈大，判斷力也就愈差，而且會更愛鑽牛角尖，因此容易上當受騙。

此外，高齡者有儲蓄的習慣，也很容易被騙。話雖如此，現在上網已經是理所當然的趨勢，社會上除了高齡者之外，年輕人也會被騙，不得不當心。

日本社會出現所謂的「特殊詐騙」是在二〇〇三年，我當時在某警局擔任刑事課長，那椿令我印象深刻的案子是「假請款，真詐騙」，是當時新興的犯罪形式。事情發生在某天，住在轄區內的老爺爺來警局問事情，他說：「我收到一張奇怪的明信片，卻對這件事一無所知，我該怎麼辦？」我看了他帶來的明信片，背面印著：

- 您尚未繳納成人網站的註冊費
- 請在〇月〇日之前轉帳，否則將提告
- 請於□月□日之前轉帳至△△帳戶
- 請款金額為一萬九千八百日圓（含稅）

經過仔細調查後，我發現同樣的明信片大量寄送到日本全國，正面印的是從電話簿抄下來的地址和名字。後來警方從銀行方面著手展開調查轉帳帳戶，發現全國各地有上百名男子都轉入了一萬九千八百日圓，想來心裡有數的男人不少……然後等帳戶累積到一定的金額，歹徒就會利用ATM提款機以百萬為單位把錢偷偷領出。這種詐騙手法在當時才剛出現，金融機構尚未採取對策，因此

ATM提款機沒有設定提款上限。

另一方面也無法凍結該銀行帳戶，因此在那個時代，歹徒可以為所欲為。首次見識到這種手法的我們感到很佩服，心想這一招真聰明，但那可不是佩服的時候，我們這才察覺「知識的濫用已經超越我們的想像」。這件案子利用的是過去在電子郵件、簡訊上經常發生的「假請款、真詐騙」的經典手法，但當時還是有很多人上當受騙，詐騙集團也一個接著一個騙個沒完。

後來，警察機關與金融機構不斷開會討論，擬出法律對策，限制了單次提款的額度上限，導致現在要從自己的帳戶提款都很麻煩，這也是時代的變遷。

可是，在那之後過了十多年，到現在還是有很多人會被騙，究竟為什麼？

另外一個原因是「詐騙集團的騙術日新月異」。他們是把詐騙當成做生意，所以滿腦子都在想著：「怎樣做才能夠騙成功？」「怎樣做才不會被抓？」歷經過無數的成功與失敗，進而提升技能；被警察逮到是失敗，一定存在失敗的原因，換言之，他們會改善，再施展更巧妙的騙術，懂得進步以免被抓，而現在他們已經完全採取分工制，即使組織其中一人被逮，也絕對追查不出主嫌，這也是他們為了避免被抓而創造出的策略。我是覺得既然有這種能力，從事一般工作應該也會賺錢啊……

回歸正題，所以我們為了避免遇到這類詐騙，應該怎麼做？

在我舉辦的演講上，我問現場聽眾：「你有自信認為自己絕對不會上當受騙的人，請舉手。」會場中零零星星有些人舉手。此時我會提出忠告：「現在舉手這些人有很大的可能會被騙！請務必小心！」

事實上有很多人被騙之後來到警察局都會說：「我沒想到自己會被騙。」也就是說，他們因為毫無根據的自信，以為自己「不會被騙」，反而大意上當了。被騙的人一定都有毫無根據的自信，認為「我沒錢，所以不要緊」、「我不可能被騙」等。

總有一天你也會遇到，絕對不可能不上當受騙，惡魔之手不曉得什麼時候會找上你，因此希望各位別抱持莫名其妙的自信，平時做好預防準備很重要。

第3章

刑警是正向思考的天才！控制內心、提升百倍元氣的方法

刑警有強烈的「使命感」，也比一般人強悍，
但光是這樣仍不足以堅定心智。

各位都很有自信嗎？
有前進的目標時還好，
但是當那條路又漫長又危險、阻礙重重時，
你也會感到挫折吧。
沒有人有無窮無盡的自信。

那麼，刑警是如何跨越困難障礙呢？
笑啊，就當個傻瓜爽快面對。

某些意義上或許這樣做能夠誇張展露出人性的一面，
想像力很重要，
我們在工作上也經常模擬演練。

犯人的動機是什麼？

逃走路線呢？

要如何抓到他？

刑警是終極的幻想高手。

而刑警的幻想，更是積極正面的極致表現。

本章是要獻給那些缺乏自信、往往容易負面思考的人，

快把失敗當成笑話看待，或逆向操作大聲說出來。

刑警就是正向思考的天才，

我希望這些總是積極正向的談判專家能夠成為各位的參考。

交涉談判有訣竅，進行正向訓練

搜查一課特殊班專責處理人質挾持事件等，這個組裡有負責談判的刑警。

他們的談判交涉攸關人質性命，因此需要在警察學校接受特殊專業課程。在學校裡學的是挾持者的心理狀態；先不論動機如何，能夠把案子鬧那麼大的人，心理必然充滿負面要素。

而當犯罪嫌疑人的心理狀態愈差，人質的性命也就愈危險。

換言之，談判專家必須擁有使犯罪嫌疑人的心智從負面轉為正面，進而自動投降的技能。

怎麼做才能夠辦到呢？**把掉落在現場的正面要素收集起來，用來向嫌犯鼓吹即可**。

舉例來說，「一旦被逮捕就會送去關」是負面要素，不能提到。

「**現在投降的話，罪行很輕**」這個可以講。

「**人質的身體狀況好嗎？多虧有你照顧**」這個也可以講。

「**你投降，你的父母一定也會很高興**」這個也是正面要素。

像這類挾持人質事件的現場通常極度負面，卻還是處處存在著正面要素，能夠網羅那些正面要素，就是通往正向思考的第一步。

如果你也是負面思考的人，**訓練自己撿拾收集正面要素**吧，聚精會神仔細找一定能夠找到。

負責查緝黑道的刑警要燙爆炸頭、留大鬍子——從形象打動人心很重要！

走進警察局刑事組的辦公室，就會看到很像黑道的人坐在辦公桌前。

「那位是？」

「刑警。」

我不是在說笑，這種事情真的經常發生。因為他們的外型太像黑道了，一問之下才知道其實是刑警。

刑警當中負責掃黑的刑警，外表也很像混黑道的，就算是他們的親朋好友也這麼覺得，甚至有些人會懷疑該刑警是不是以前也混黑道。真令人好奇到底是根據什麼標準選擇他們負責掃黑。

他們會把頭髮燙成電棒捲毛頭，手上戴著粗大戒指並留鬍子；那種硬漢感，讓他們看起來很像黑道。

這樣打扮有部分原因或許是當事人自己喜歡，換個角度來說**這樣的外表也有裝腔作勢的作用在**。當我還是跑外勤的刑警時，曾經跟著前輩去黑道巢穴，年輕小弟們端茶出來請我們喝，我們與老大喝茶聊天，那是我第一次跟黑道打交道，說不害怕是騙人的。

但是自己的緊張當然不能讓對方看穿，所以要故意採取蠻橫的態度，以「我早就看穿一切」的口吻問話。

想要讓自己看起來有分量，至少試著改變外表，如何？

旁人看你的目光必然也會跟著改變，我可以跟你保證。**用第一印象抓住人心**。如果你需要擅長燙電棒捲毛頭的理容院，隨時來問我。

要做就今天去做！

偵訊時的豬排飯隱藏的真相——一結束就會想吃大碗的！

在警匪電視劇裡常看到一個場面——刑警問嫌犯：「要吃豬排飯嗎？」

各位知道這碗豬排飯其實不是刑警請客，而是犯罪嫌疑人自掏腰包嗎？

刑警會事先問過對方：「你身上有帶錢嗎？」再向附近的蕎麥屋點餐。而且這位刑警通常也是從早忙到現在還沒空吃東西。

有些刑警會一臉羨慕地看著嫌犯吃飯，說：「我也想吃豬排飯……」這種時候他們在想的是：

「等這傢伙認罪後，我也要吃大碗豬排飯！」

我想說的是什麼？就是——**難受時、需要忍耐時，要找到樂子支持自己努力下去**。

我不是要聊豬排飯。

而是要你**把激勵自己努力的胡蘿蔔掛在眼前**。

既然羨慕對方，把豬排飯當成是自己對未來的期待，就能夠多努力一下——人類就是這麼單純的生物。

順便補充一點，我不曾看過有人吃完一整碗豬排飯。一早就被警察找來，還能夠大口吃完豬排飯的人，肯定不是真凶；反觀只吃了一兩口就說可以撤掉的人，大致上都是真正的犯人。任何人一大早被警察找來警局總會感到很不安，擔心警察要問什麼、接下來將如何等等，導致食物難以下嚥。

你問我沒吃完的豬排飯怎麼了？這一點就交由各位自行想像了。

別只「模仿」逮捕犯人，只要覺得好就儘管模仿！

很多人成為刑警是因為對警匪電視劇的嚮往，受到《大搜查線》、《古畑任三郎》、《相棒》等的影響，所以熱切地表示：「我也想要成為這種刑警！」（注：《大搜查線》、《古畑任三郎》、《相棒》皆為日本的知名刑事劇。）

電視劇果然是最貼近我們生活，因此很容易影響我們對於未來的夢想。

可是成為刑警後，你才發現現實生活不會跟電視劇一樣，只花一個小時就逮到犯人，於是夢想被狠狠打醒，你發現理想與現實不同，更有許多事情無法如自己所願。

也有許多人因為身處的環境不同，對於嚮往與現實的落差感到挫折，這種時候**我希望各位從模仿開始**，就算是模仿電影或漫畫的英雄也無妨。

我當上刑警時，正好《大搜查線》十分熱門，劇中有一段主角青島刑警大喊的劇情——

「案子不是在會議室裡發生，是在現場發生！」

「刑警在現場工作是為了消除被害人的遺憾，不是為了保全上司的顏面！」

這些內容正好反映出在第一線奮鬥的刑警們的心聲。

「青島，幹得好！」

那是一系列警匪電視劇，青島的熱血令人嚮往。我們沒必要模仿討厭的對象，但神奇的是，如果能夠與熱血的人抱持同樣心情行動，自己的實力也會逐漸提升。

如果你對自己沒有自信，就找個熱血的人並嘗試模仿對方，你的動力應該也會跟著提升！

隨時想像自己成功的樣子，但是要小心不要過度妄想！

刑警遇到難以偵破的案子，會感覺更有動力；費盡千辛萬苦揪出犯人，在犯人的雙手銬上手銬時，更能夠感受到成就感。你若問刑警是S（施虐）屬性還是M（被虐）屬性，或許M屬性的人比較多。

事實上還有另外一種場合會讓刑警對自己的工作很有成就感，就是嫌犯移送法辦時的電視報紙等媒體的報導。案子愈大，占據的報章雜誌篇幅也就愈大，電視新聞也會不斷重複報導，這一瞬間也可以說是自己的工作成果受到社會認同。

我在搜查上遇到瓶頸時也會想像媒體大幅報導嫌犯移送法辦的場面，而在畫面裡我驕傲地說：「這件案子是我辦的！」我也會想像自己打電話報告嫌犯已經送辦。

「○○，犯人終於抓到了！」

換言之就是**想像成功**，這樣做能夠逐漸趨近現實。刑警會模擬所有情況再進行搜查，所以也是幻想的高手。

人生中必然會遇到必須有一番結果的時刻，這種時候，我希望你想像自己成功的樣子，一定能夠順利。老是想到負面情況的人，就**在腦海中描繪達成目標時的快感**！更寫實一點擺出勝利手勢大喊：「我做到了！」試試。

但妄想過度，有時夢醒後失落的早晨就會突然到來，這點也要小心。

NEWS
連續竊盜殺人的
二十多歲男子被捕
VISION
嘿嘿！
逮捕的犯人正是在下我……
太好了！
抓到了！
棒呆了！
開心開心！

向ＤＪ波麗士學習如何說服他人——控制他人行動的發聲法

人在缺乏自信時，講話就會愈來愈小聲，音調也會愈來愈高，語速也會加快。

這也是我在偵訊過許多罪犯之後得到的結論；只要是違背良心或撒謊，聲音就會變成那樣，這或許是缺乏自信者特有的通病。

那麼，缺乏自信時，應該要如何看起來有自信呢？

就是**大聲說話**。天生大嗓門的人原本就有領袖特質。

嗓門大就會贏得關注，也能夠控制他人行動。

嗓音低沉能夠迴盪在他人內心，放慢說話速度能夠使對方理解自己想要表達的意思。

東京涉谷車站的行人專用時相路口，規劃了利用美妙廣播引導民眾通過斑馬線而聞名的「ＤＪ波麗士」，取名來自於二〇一三年六月四日，日本足球代表隊與澳洲隊在世界盃亞洲預賽戰成平手，拿到世界盃門票時，警視廳機動隊員採用的指揮交通方式，因此將那些警察暱稱為「ＤＪ波麗士」。

各位知道他們是如何挑選的嗎？

我也隸屬機動隊，有資格選擇隊員，我選了聲音大且低沉的警察，**聲音在控制他人的行動上扮演著重要角色**。

你說使用擴音器，聲音是大是小沒有影響？有選擇權的我可以保證絕對不一樣。

當你缺乏信心時，更是需要大聲表達意見，對方的反應肯定會不同。

把難以置信的失敗當成笑話，心情就會轉好，心理負擔也會減輕

每個人都有失敗的時候，當然刑警也會失敗。

那已經是三十多年前的事，應該過了時效，所以我在這裡寫出來。事情發生在我還是實習警察的時候，我在查訪途中去拉麵店吃午餐，卻把西裝外套忘在店裡……如果只是忘了外套還好，問題是我的警察手冊就放在外套暗袋裡。

等我想起忘了外套那瞬間，我的腦袋真的一片空白。

「慘了！」

我連忙開著警車狂飆回到那家拉麵店。一路上同事態度輕鬆地說：「別緊張，這種事常有。」幸好外套仍然放在座位上沒人動過，我立刻翻找外套暗袋，警察手冊也還在。

「哇，太好了……（淚）」

警察手冊如果被其他人拿去做壞事，可不是懲處就能夠了事，恐怕逃不過輿論的指責。

「如果壞人利用警察手冊擄人勒贖，如果強盜利用警察手冊闖進民宅……」

各位能夠明白後果有多嚴重吧。

我那次的失誤後來成為茶餘飯後的話題，在刑警同事之間當作笑話來講。我連提都不想提假如真的弄丟的後果。

沒錯。**失敗就當成是笑話一場。因為你的失誤才會導致失敗，當成笑話，心裡的自責才會減輕**。

當你失敗時，就把自己的失敗當成笑話說給其他人聽，心情應該會變好。

裝傻吧！利用突破常規的行動毫不猶豫去做大膽的事

或許是現今社會導致情況如此吧，只有我認為做傻事的人愈來愈少嗎？有些人因為太在意他人目光而壓抑自己，就跟警察一樣害怕對不起自己的制服與肩章。

各位知道警察是執行法律的人，立場是維護法律與規則等社會規範，也就是說我們必須當國民、市民的表率，因此連日常生活都時時緊繃；但是感受太敏感時，心理上容易過度防備。

為了防止這種情況發生，警察會怎麼做？就是**偶爾裝傻**。機動隊的年輕警員較多，在員工旅行時，有些人就會戴上面具、只穿一條內褲跳舞。

要傻就傻到底吧！當個傻蛋很好，好處說不完。

- **在他人面前裝傻，就會得到他人關注，也更容易被人認識**。
- **別人會記住你的的長相和名字**。
- **也會讓人留下「好相處」的正面印象**。

如此一來就更容易與他人溝通交流，對你來說好處多多，也算得上是一種個人魅力。

你有膽量採取突破常規的行動，你就有勇氣去做大膽的事，因為你習慣這麼做。

平常認真嚴肅的人，我希望你們也變成傻蛋，別在意他人目光。

但若是真的被人誤會你是傻子，情況可就大不同了，因此在你裝傻時務必要注意，凡事都要恰到好處才行。

輸贏之前說三次「我可以！」唸咒語激勵自己！

警察是階級社會，藉由每年定期舉行的嚴格升級考試升等，因此警察不管活到幾歲都是一邊工作，一邊手捧六法全書準備考試，你絕對想不到警察其實很用功。而且不是我炫耀，我是同期之中第一個升上警部的。

問題在於真正上場考試時，我其實也會很不安，擔心：「我能夠發揮實力嗎？」

因此在正式上場前，我一定會做一件事——在筆試題目發下來，或是在會議室等待輪到自己面試時，我都會**像在唸咒一樣不停地說：「我可以！」**至少會說三次以上。

「我可以！我可以！我可以！」

這樣不停地複誦能夠啟動潛意識，使腦袋更清晰，更加專注在考試上，事實上這也是腦科學界證明過的「腦幹網狀系統（Reticular Activating System，簡稱RAS）」發揮作用所造成。

在正式上場前唸咒語，不僅能夠集中注意力，也能夠提升靈感。人腦會對於看到、聽到的資訊進行篩選，只選出需要的，因此在正式上場前提高注意力，也有助於提升資訊的品質與數量。

我希望你在重要場合感到不安時唸一下：「我可以！」信者得救。

但你可千萬別跪下來祈禱，你這樣做固然能夠消除自己的不安，卻會造成其他看到你舉動的人變得很不安。

「多巴胺！棒呆了！」保持心靈健康的方法就是肌力訓練！

多數刑警都喜歡肌力訓練。警察工作原本就需要體力，練武術是如此，跑步、肌力訓練更是日常生活的運動習慣。而在各種鍛鍊體力的訓練之中，刑警最愛的就是肌力訓練。

警察學校的體育館和警察局的體技館，幾乎可以說一定會看到啞鈴等肌力訓練的設備。

因此館內一年到頭都能聽到「喝啊！」「唔！」「要死了！」等聲音。

平常就把運動納入生活，能夠使情緒煥然一新，也有助於保持開朗。做做肌力訓練，定期運動，就是保持強韌心智的第一步。

因此，**熱愛肌力訓練的刑警多半不屈不撓**。

而且據說肌力訓練能夠促進多巴胺的分泌。多巴胺除了是「快感荷爾蒙」之外，也稱為「**產生活命慾望的激素**」，與人類的「慾望、運動、學習能力」密切相關，這些我們在警察學校都學過。

多巴胺一分泌，人類就會湧現動力，變得積極，比現在更樂於做些愉快的事。

以前我們會一邊吶喊：「多巴胺！棒呆了！」一邊進行肌力訓練。儘管我現在已經年過五十，仍然會找私人健身教練不怕死地進行肌力訓練，但也幸虧如此我的心智才能保持強韌。可惜現在已經不會大喊那些口號了。

順便補充一點，愛好肌力訓練的刑警習慣互相觸摸胸部，稱讚對方：「你的胸肌好大！」因此常常引來女警的側目。

有勇氣尋死就有勇氣做任何事，第一步先笑一笑吧！

最近，包括知名人士在內，年輕族群有愈來愈多人選擇自殺。

「他那麼耀眼卻……」

「明明是很活躍的演員啊！」

「平常看起來很開朗、一副無憂無慮的樣子。」

人類的煩惱有多深重，旁人往往很難看出真相。

在我還是刑警時，也去過不少自殺現場。我在想，既然都有自殺的勇氣了，應該什麼都能做啊！年紀很輕的人更是如此。

那些你所想到的最悲慘遭遇，絕對不是最慘的，這世上還有許多人有過更慘烈的經驗，而見過那些人的就是刑警。

只要活著就會有一堆狗屁倒灶的事，但人們往往不願讓人看見自己的狼狽，習慣咬緊牙關活著。選擇自我了斷，你或許一了百了，但那些由衷重視你的人一定會很痛苦，他們會懊悔：「我為什麼沒有傾聽他的煩惱？」

某位自殺未遂得救的高中生在幾年後談了戀愛結了婚，**我聽說他在難受時會面對鏡子練習微笑**。

「因為我發現只要自己微笑，別人自然也會跟著笑。」說完，他又笑了。**小小的微笑也足以使人生變得更有希望**。

那些至今仍活著的自殺未遂者幾乎都會說：

「幸好我當時沒有死成。」

我這個前刑警可以跟你打包票，只要活著，就一定會有好事發生。假如你有尋死的念頭，請記住我的話。

警方大動作入山搜查，因此發現真正療癒人心的答案！

各位是否也看過日本的〈二小時懸疑劇場〉系列電視劇？就是故事舞臺經常是在溫泉地的那個。不曉得為什麼演屍體的男女演員被發現的地點，每次都在山裡、河裡或海邊。（注：〈二小時懸疑劇場〉為日本於一九七七年起，在黃金時段或晚間九點至十一點播映的系列節目總稱，由於多為懸疑、推理故事，故以此稱之。）而且最後逼問犯人的地方也一定是懸崖邊。是不是因為日本有很多懸崖？應該不是吧，通常都是自己被逼到走投無路才跑去懸崖。

但是，在東京都發生的殺人案，屍體卻經常是被埋在相鄰的千葉縣山裡。你應該也看過這類新聞吧？嫌犯認為東京都與千葉縣的管轄單位不同，他們就是看準了這點，才會把屍體埋在千葉縣境內。

我在千葉縣鄉下當警察時，曾經為了某件案子入山搜索。我這麼說或許很不恰當，不過當我進入山中搜索時，卻莫名感到心靈平靜；走在森林裡的山路上，不遠處就有一條溪流經過，還能聽見鳥兒啼叫，儘管現場有刑警和鑑識員等相關人士在，氣氛肅穆，卻也有著大自然的祥和寧靜。

這就是所謂的森林浴吧！——我想到的是這個。乾淨的空氣、風聲、鳥鳴、水聲、從枝葉間灑下的陽光、綠色樹木等，豐富多變的**森林環境緩和放鬆了內心的壓力**。

到現場出勤的刑警們一想到要搜索那麼大一座山，也會感到壓力山大，畢竟輿論和警察高層的期待所帶來的壓力，可不是鬧著玩的，但是山療癒了我。

假如你對都市生活感到疲憊厭倦，我**建議去做森林浴**。回程就去溫泉區泡泡溫泉，偶爾來一趟像這樣的療癒之旅也不錯。

不提刑警看穿謊言的方法嗎？

美國有前CIA或前FBI探員在離職後，創業成立顧問公司，教人如何看穿謊言，不過就我所知日本沒有這種公司，而事實上我決定辭掉警察工作，也正是因為我認為自己當刑警時培養出來的「看穿謊言技巧」可以經營成一門事業。

刑警在工作時經常需要識破謊言，不只是犯罪嫌疑人會撒謊，就連目擊者、被害者的證詞也都有可能造假，因此刑警工作時經常要思考「真相是什麼？」「真相在哪裡？」

那麼如何看穿謊言呢？人在撒謊時多少都會緊張，良心有愧時更是如此，因此要趁著對方處於緊張狀態時提出問題，而且問題必須一擊斃命，或要能令對方心驚，刺激對方，藉此觀察反應，這就是所謂的「說謊徵兆」。說謊徵兆會因為發問而出現在「舉止」和「說話方式」上，可能在兩者的其中一方，或兩方都出現兩種以上的徵兆，就有很高的機率是在撒謊。

舉例來說，老婆突然問你：「你今天去哪裡喝酒？」如果你沒有做出違背良心的事，你就會立刻回答出「新宿」；但假如你搞外遇或做了什麼對不起良心的行為，就會不自覺撇開視線或搔鼻頭說：「呃……妳說今天？我想想……去了涉谷」，回答的反應很不自然。而利用提問當作刺激，就能夠引出這些反應。

我介紹一下說謊徵兆包括哪些，首先是「說話方式」有十九種徵兆，最具代表性的就是「惱羞成怒」；說謊者發現自己當下無法靠說謊順利過關時，最後就會用惱羞成怒的態度迴避。根據我的經驗來看，罪犯尤其有很高的比例都會惱羞成怒。另外，「說了一大堆沒有必要的解釋」也是說謊的徵兆；說謊者最怕沉默，因此會提供對方許多資訊爭取信任，結果反而說得太多。你在說謊時應該也會特別多嘴吧。其他還有「無法回答問題」、「重複問題」、「無法理解簡單的問題」等，也都是說謊的徵兆。

接著是「舉止」的說謊徵兆，這一項共有十種類型，最具代表性的就是「不做反應、反應慢半拍」，也就是聽到問題不做反應，或是反應慢半拍，換言之就是聽到問題需要時間思考，無法立即給答案。

還有「肩膀搖晃」也是。政客在記者會等場合站著說話時，最容易出現這種動作，一遇到尖銳提問，肩膀就會左右擺動，這是一大特徵，當你不想繼續待在這裡，就會做出這個動作。其他還有「身體或手沒有動作」、「周遭收拾得乾乾淨淨」、「伸手去碰臉」等舉動也是說謊的徵兆。

找出說謊徵兆，發現對方很有可能在說謊時，你就可以進一步提問，闡明真相。

巧妙的提問能夠刺激對方做出更多說謊的徵兆，而引出說謊徵兆最有效的提問訣竅就是——出其不意，趁對方完全沒有準備時發問。這種時候很容易出現說謊徵兆。如果他們預先料到了你的問題，就會成功矇騙過去。

假設丈夫徹夜未歸，做妻子的不要在他清晨一回到家時立刻就問：「你昨晚去哪裡喝酒了？」我建議最好等到當天晚上吃晚飯時再突襲；丈夫原本以為這件事情已經安全過關，妻子卻冷不防在這個時候開口提起，他們就會心裡一驚，出現說謊徵兆，妻子也就更能夠看穿謊言，發揮提問的效果。

而更進一步揭穿謊言的終極方法就是善用證據，說謊者最怕的就是證據。妻子（丈夫）質疑你外遇時，你最介意的就是「對方看到了什麼？知道了什麼？」

也就是擔心對方是不是掌握了什麼證據，你只要看到證據就會承認，但如果沒有證據，你就打算裝死到底。至於證據的使用方式，不管你手上握有什麼證據，基本原則就是不要拿出來。舉例來說，妻子懷疑你外遇，拿出酒店小姐的名片說：「這是什麼！」這種時候你怎麼想？你會鬆了一口氣，心想：「原來是這件事，不是那件事。」沒錯吧？對方如果拿出非自己預期的證據，反而給了我們整理腦袋的機會，因此懷疑的一方最有效的做法，是呵呵笑著告訴對方：「我全都知道了。」畢竟這種不曉得對方知道多少的狀態最可怕，即使是我聽到老婆這樣對我說，我也會感到害怕。只要懂這一招，就足以使人心生動搖，承認說謊。

如果不想面對這麼可怕的情況，就只有誠實一途了。

第 4 章

刑警的雙腳就是命脈！心智軟弱也能靠行動改善的動力提升法

刑警一整天都在四處奔波，查訪上千人，臨檢上百輛車，
不管是熱天也好冷天也好，永遠不會停止搜查。

逮捕通緝犯沒那麼容易，
沒有成果的日子持續下去，
心智也會破損不堪。

有時忍不住就想要開口示弱；
有時在查訪過程中會被民眾無心的反應傷害。

但是，靠雙腳行動，
就算步伐很小，只要往前走，必然會看到成果。

本章要告訴心智脆弱的人如何利用行動改善。
貶低、看不起自己很容易，

叛逆也很容易，放棄也很容易，
可是你一路走來，一定在路上留下某種形式的痕跡，
那些毋庸置疑就是你走過的證明。

活著就是在戰鬥，
沒有人知道終點是什麼，
但是重視每一刻並起身力行的話，一定能夠開拓新路。

刑警真的是很乏味的工作，
有時在逃的犯人還會犯下其他重大刑案，
因此我們明白每天兢兢業業有多重要。
如果刑警提升動力的方法多少對各位有幫助，本人實感萬幸。

留意非語言溝通！刑警看的是肢體動作表達的訊息

警察的工作之一就是盤查，也就是看到可疑人物時攔下來問問題。過去曾有朋友告訴我他的煩惱，他說：

「我走在路上經常遇到警察盤查，到底為什麼？」

我回答：

「只是覺得你看起來很可疑罷了。」

警察並非很閒，若不是覺得可疑，不會攔住人盤問。一個人的眼睛轉動、舉止、外觀、攜帶的物品，再加上出現的時段與場所等加總起來做出的判斷，都讓警察直覺：「這個人很可疑。」

接著，警察進行盤查時注意的地方是**手的動作、腳的動作、視線方向等的「非語言**

溝通」。人可以說謊，但非語言的部分卻無法撒謊。

當你嘴上說：「我什麼也沒做。」腳尖卻朝向反方向，就是你的身體在說：「這個情況對我不妙，我必須趕快離開這裡。」

人類的心理很單純，換言之，**如果想要知道對方的心理，只要觀察非語言的反應**就行了。

但是就算你學會這個觀念，撕裂嘴也不可以告訴對方：「你的腳尖朝向另外一邊，你很想離開我對吧？」看到卻假裝沒看到才是正確做法。最重要的是**提升觀察力，注意過去不曾注意的地方**。

我們的心智有時也會因為得知對方的真心話而受傷，但只要巧妙地觀察肢體動作，就能夠找到改善自身行動的答案，與他人建立良好關係。

我接下來還有將近一個小時可以讓你盡情盤問喔！
你的下半身好像不是這麼說？

抱怨就是正在行動的證明！
想要抱怨就換個說法

在刑警的世界裡，經常聽到別人告訴你：「搜查就是一連串的徒勞無功。」

有時在犯罪現場附近盤查上千人、臨檢上百輛汽車，也打聽不到跟犯罪嫌疑人有關的任何情報。在風雨中、在豔陽天或是在極度寒冷的日子，每天去案發現場搜查，不放過任何蛛絲馬跡，刑警的屬性果然偏M吧……

可是刑警也是人，有時也很想抱怨。

「沒有目擊者啊！」

「根本就找不到與犯人有關的證據啊！」

不過，只要試著改變角度，我發現看似徒勞無功的搜查，其實等於我們逐步靠近犯人。所以**當你想要抱怨時，不如換個說法試試**——

「只是正好沒有目擊者，只要改問其他時段，應該就能找到目擊者。」

「只是因為這樣的看法、調查方式不適合，才會找不到證據。」

你必須這麼做，否則無法往前，抱怨不過是不安與煩惱的情緒化表現，不會帶來任何成果，**抱怨就是正在行動的證明！只要換成正面說詞，一定能夠逐步接近成功**。

否則只知道抱怨，辦案卻頻頻出錯，不會有任何進展。我就曾利用眾人認為徒勞乏味的搜查方式偵破不少案子。徒勞這個詞的出處是「不把貨物堆上馬車，貨物就無法變成錢財」（注：此處的解釋為日文的徒勞（漢字寫作「無駄」）之由來），但破案不是為了錢，因此「徒勞」對我們來說就像會帶來正面結果的好預兆，而不管是徒勞或抱怨，都需要起身行動才會產生，能夠使你產生這種想法，就很有價值了，不是嗎？

向騙子拜師學藝！嘴巴會說謊但行動不會

你煩惱不受人信任，但其實你只要想想人的信任是從何而來，就能明白箇中原因。

騙子為什麼巧舌如簧？

他們把話說得天花亂墜，目的是為了斂財。

但是這世上不是只有騙子如此，還有一些人也令人很想嘲諷：「他最先長出來的是嘴吧？」

一般常說「業務員跟騙子是一丘之貉」，這就表示我們身邊也有巧舌如簧的人。而這類人往往缺乏信用，嘴上很會說卻沒有實際作為。

這類人只想靠花言巧語騙取人們的信賴，所以容易有破綻。總是趕在露出破綻前就消失，也是這類騙子的特徵。

因此，**說出口的話一定要實踐**。

我舉個例子，假設你今天隨口講了句社交辭令說：「我們改天一起去喝酒。」我希望你跟對方道別後，能夠立刻傳一封電子郵件給對方，問：「我們什麼時候約喝酒？」立刻把承諾化為行動實踐，才能夠建立信用。

反過來說，**做不到的事情就不要輕易許諾**。嘴巴會說謊，如果只是隨口說說，要說多少有多少。

再者，說話時更應該謹慎選字。

遇到刑警盤查時也是如此，說話顛三倒四就會讓人覺得「可疑」。

但是「**行動不會撒謊**」，**想要獲得別人的信賴，說出口的承諾就要實踐**。

才能夠累積你的可信度，成為你自信的來源。

這或許是唯一的機會，堅持做好準備

發生倍受世人矚目的大案子時，刑警承受的外來壓力非同小可，電視新聞連續好幾天都會播報偵辦進度，全國民眾對於警察也期待甚巨。很幸運地，歷經漫長的偵查後，警察終於鎖定嫌犯。

「明天要去犯罪嫌疑人家裡找他談談，到時候要抓住他。」

緊張在此時達到了最高點——如果讓對方在這個時候跑了，所有人都會崩潰，因為以前也發生過嫌疑人逃走的案子。

幾年前日本關東某縣發生過外國女留學生兇殺案，刑警鎖定犯罪嫌疑人身分後，去嫌犯家裡搜索時卻被對方跑了，逃走的男性兇嫌輾轉逃往日本全國各地，甚至以假名工作賺錢整容。

最後在全日本警察通力合作下才終於逮捕到他，但第一線的刑警真的吃了不少苦頭。彌補過錯的機會不是隨時都有，也不是取之不盡，用之不竭。有了這種失敗經驗之後，警察們都會做好萬全的準備，避免重蹈覆轍。你必須**告訴自己這或許是唯一的機會，並確實做好準備，準備的重要性占九成**。

各位在電視上看過經過長期不公開辦案，總算逮到現行犯的場景吧？逮捕吸毒藝人的案子就是如此；毒品搜查也是從好幾個月之前就在做準備，等到掌握充分證據才會闖入現場逮人，一旦鎖定目標就絕對逃不掉。

人生也一樣，只要確實做好準備就不會緊張。你的準備甚至必須確實到你都想懷疑「真的有必要準備到那種地步？」的程度，感覺太過才是剛剛好。

在這裡插上旗子，「兒童餐」才算完成，可是這支旗子之外的九成內容物才是「兒童餐」你懂嗎？刑警辦案也是如此。
我可以吃了沒？

即使環境逼得你走投無路，走好路或歹路仍然是自己的選擇

走上歹路的人，多半是家庭環境有問題。不過說實話我的家庭環境也並不值得驕傲。我父親離過三次婚，因此經歷過許多傷心事，鄰居也經常用冰冷視線看著我們、說我們家小孩的壞話。

所以我很理解不良少年的心情，也看過許多因家庭環境而叛逆的例子。我不是從飆車族改過自新變成刑警的人，不過當我對警察帶回的傢伙說：「你這樣你的父母會傷心。」對方卻毫無反應時，多半就能判斷是家庭環境出問題。

面對這種人，想要讓他們落淚是行不通的，因為他們沒有發現正是自暴自棄的念頭毀了自己。

換個角度來說，就是因為我能夠同情他們、與他們有共鳴，才會成為刑警。我也考慮過當飆車族盡情使壞，卻又覺得那樣好老土。

假設你現在正站在斜坡上，**要往上走或往下走，全憑你自己決定**。下坡很簡單，滾下去就好。而當我自己面臨這種抉擇時，我在想：

「我討厭用滾的，所以就算辛苦我也要往上爬。下坡如果是成為飆車族，那麼登上山頂或許就是成為警察。我要當刑警，在正確的路上前進。」

這或許也算是對父母的一種叛逆反擊。

我到底要說什麼？**你或許無法改變自己所處的環境，但你可以改變前進的路**，這些都看你自己的選擇，就算迷路也不要輕易選擇下山。

選擇上山這條路或許很苦，但試試吧，盡頭一定有光明的未來在等著你。

每次遭到拒絕，心智就會受傷。這種時候就向勘查組學習問案技巧

一旦發生殺人案，警方就會組成稱為「勘查組」的專案小組，在地圖上以兇案現場為中心，劃分東南西北四個區塊，並指派各區塊的負責人，再對該區塊的所有居民進行家戶查訪，對所有住在此區的男女老幼進行盤查，一個也不落下。每個人都有可能是目擊者，也可能是犯人。

我還是菜鳥刑警時，也曾經被指派為勘查組，日以繼夜地進行盤查，想要找到與犯罪嫌疑人有關的可靠資訊。那次或許只是偶然，但令我很振奮。

只不過要所有居民協助查案並沒有那麼容易。

「我很忙，少來煩我。」

「這麼晚了還來打擾，到底有什麼事？」

「我什麼都不知道，你請回吧。」

我遇到過許多害怕與拒絕，我相信各位讀者之中或許也有人曾經拒絕過，每次遭到拒絕，我的心智就會受一次傷。而且家戶查訪很耗體力，即使有再多的正義感也沒用。

這種時候我會更認真地「**說服**」對方：

「其實前幾天在○○發生△△案，犯人還在逃，有可能潛伏在這附近，必須盡快逮捕歸案，所以請您配合調查！」

不曾說服別人的人，就以尋找走失寵物的感覺說明，對方反而能夠感受到你的熱情，進而樂意提供幫助。

假如你不擅長溝通，就「說服」對方，別只是「問」問題，對方一定會回應你。

缺乏耐力，容易放棄，就參考鑑識組的「單點集中法」！

一有案子發生，制服警察就會拉出黃色封鎖線，讓現場保持原狀，接著戴「鑑識」臂章的鑑識人員就會陸續進入現場。

他們在案發現場會仔細觀察路面、建築物的細節，趴在地上找出指紋、頭髮等微小跡證，把力氣都用在破案所需的證據上。

但是長時間的現場蒐證是相當瑣碎的工作，必須保持專注，因為很可能一根頭髮就足以揪出犯人並定罪。

鑑識人員連一滴汗水都不會掉在現場，否則鑑定採到的ＤＮＡ之後發現自己有嫌疑，可就麻煩了，因此現場鑑識工作通常也是氣氛緊繃到最高點。

再加上在酷熱天氣中工作有時無法開冷氣，要保持專注簡直是難上加難。

這種時候要如何維持注意力、保有強韌心智呢？

就是把現場採集跡證的區域細分，從腳印和遺留物推測犯人的動向，配合動向把出入口設為A區，物品是B區，案發位置是C區，像這樣細分。這樣做能夠幫助鑑識人員專注在單一目標區域的鑑識上。

多數人都沒有耐性全神貫注在完成大規模的工作，人類的專注力不過如此，因此**改設定小目標，完成小目標取得成就感，心情也會提升**；努力完成每個小目標，就能夠揪出犯人。做任何事情都無法持久的人、習慣中途放棄的人，我希望你們記得把事物細分，**利用鑑識人員的「單點集中法」就能達成目標**。

就算在大太陽底下也不落下一滴汗水
這就是鑑識員
鑑識

覺得「今天又失敗了」而沮喪時，看看自己的雙腳，那裡還留著你努力過的痕跡

刑警日以繼夜地努力工作想要逮捕嫌犯，有時四處走訪盤查也問不到與犯人有關的消息，老實說得不到可靠情報時真的很沮喪。

當我坐在公園長椅上垂頭喪氣地想著：「今天又失敗了……」時，我看到自己平常穿的鞋子，我把鞋底翻過來查看，這才發現前幾天脫落的皮鞋鞋底已經磨得不成形了。

還有一次我們去逮住嫌犯卻撲空，我突然拿出腰上手銬套裡原本應該銬在犯人手上的手銬看著。

「可惡，真的抓不到嗎？」

傷痕累累的手銬上剝落的黑色烤漆，證明了它過去曾經逮捕過幾十個人。

即使今天沒有成果，我的努力仍然留在鞋底和手銬上，提醒我鼓舞自己：「明天也繼續加油吧。」

你一定也有努力了半天卻沒有成果的時候吧？你的心智或許會因此受創，但你也可以跟我一樣，**從客觀的角度觀察努力過的痕跡**。

那或許是奮力奔走後在白襯衫上留下的汗漬、拚命寫滿的記事本、或是流過臉頰的淚痕，這些都是男人的勳章。

努力的痕跡遺留在各種地方，見證你真的很努力，找出那些痕跡並**稱讚自己的努力**很重要。**努力絕對不會背叛你**，剩下的就是等待結果了。

用不著為了累積經驗去自討苦吃，但是多多丟臉才會成長

我們經常聽到「年輕時要多吃苦」這句話，但你千萬別為了吃苦，把自己逼到走投無路。

尤其是基於成年人的責任感而必須扛下的辛勞，那些事實上與你無關，只會擾亂你的心智罷了。

精神上的疲憊或許會使你成為有人情味的人，但並非成長必須的經歷。

真正使人成長的不是「吃苦」，而是「丟臉」。

我聽說最近的年輕人很怕丟臉，或許是現代的生活環境造就他們變得如此。

以前我們警察做筆錄是用原子筆手寫，跟打電腦不同，犯罪嫌疑人會看到我們寫什麼，所以這種時候寫錯字就會很丟臉。

我還是菜鳥刑警時，也曾經有黑道大哥小聲地指正說：「警察先生，你那個字寫錯了。」各位或許不清楚，這些黑道因為坐牢時經常寫長信，所以字寫得很漂亮，文筆也很好，也經常看著我做筆錄。當下被糾正根本是丟臉丟到家，從那次之後，我在偵訊時一定會在手邊放一本字典，注意自己有沒有寫錯字。

丟臉才會幫助你提醒自己下次別再犯，丟臉是在告訴自己哪裡需要改進，因此有機會丟臉很好。在丟臉那瞬間，或許很想找洞鑽進去，卻不至於陷入低潮；丟臉正是成長的大好機會，對你一定有正面加持作用。

我希望各位儘管勇敢去丟臉。

向小偷學習！偷竊固然可悲，但你可以善用那種心態

你有沒有想過小偷為什麼要偷別人的東西呢？

假如你回答「因為那是小偷的工作」我只能無言以對。其實真相是——「因為小偷想要現金和值錢的物品」。

每次我問小偷：「你偷走的財物都怎麼了？」他們就會理所當然地回答：「變現花掉了。」他們不光是把錢拿去吃吃喝喝，也會去酒家或俱樂部當散財童子，總之不會把錢留在手邊。

問他們為什麼要把錢花光？他們會告訴你：「有需要再去偷就好。」

我這樣打比方或許不恰當，不過對他們來說，**花錢的行為能夠成為他們下次偷竊的動力**。

假如你中了兩億日圓的樂透頭彩，你還會想要認真工作嗎？若是我一定不會。

因此我始終認為，錢只要夠用來吃飯就好，我會痛快地把錢花完再死，連一毛錢都不會剩下。擁有過多的金錢只會使你喪失活下去的動力，因此我希望各位偶爾也當個散財童子試試。

我在刑警時代搜查陷入瓶頸時，經常在下班後去酒店點一整瓶昂貴的威士忌大方花錢。

店家當然很高興——「客人點了一整瓶的○○！」我也覺得很痛快。

等到壓力紓解之後，空蕩蕩的皮夾就會讓我產生「明天繼續努力！」的奇妙心態。

但我也有過第二天早上醒來看到皮夾裡的收據，嚇得臉上血色盡失的時候。這種情況也別有一番刺激，希望各位也有機會體驗其中的樂趣。

堅持走一百次犯罪現場的原因，是我想用自己的眼睛耳朵得到的資訊導出正確答案

「勤跑犯罪現場」是我們刑警的態度。

「破案的關鍵一定就在現場，所以要勤跑現場找出答案。」這句話的意思是實際去現場比紙上談兵更重要。

這個世界在很久以前已經是資訊社會，上網就能夠輕易取得情報。但是，遭到錯誤資訊拐騙、無法得到正確答案的情況屢屢發生，再加上認為自己「不會上當受騙」的人取得資訊時缺乏深思熟慮，因此詐騙案始終頻傳。

因此刑警走訪案發現場搜集資訊，就是要透過自己的眼睛耳朵找到答案，犯人遺留的痕跡就在那裡，在案發現場才能感覺到的**「現場感覺」很重要**。

接下來那些證據再經由ＤＮＡ鑑定分析等找出關聯。愈容易取得的資訊，愈經不起深入挖掘，也難以判斷是否正確，所以你會上當受騙。**想要正確答案就去現場用雙腳取得情報，才是找出答案的捷徑**。

各位想吃好吃的拉麵時，是否會上網查看評價？只要有「名人○○也大力推崇」、「美食網站4.5顆星推薦」等報導，就真的好吃嗎？你必須實際去吃過才知道，所謂的「現場感覺」就是去了現場才能體會的感覺。

刑警這個職業很少有朋友，因此能夠坦蕩往來的人值得交往

很少人會說：「我有朋友是刑警。」一般人也的確鮮少有機會接觸到刑警，如果經常接觸就有問題了……

「刑警常見狀況」之一就是一提到自己是刑警，對方就會很在意，也因此很難發展成朋友等私人關係。我不清楚對方討厭或怕我們深入盤查，總之只要我們先說出自己是刑警，就真的很難交朋友。

刑警這個職業使得很多人對我們敬而遠之，我覺得很難過，也常以為自己被討厭了；儘管我當刑警不是為了討人喜歡，我也只能認命。

更別提刑警有多難找到結婚對象；這份工作的上班時間不規律而且危險，伴侶或許還得接受身家調查，而這也是導致警察多半單身的原因，因此理所當然有一些特別針對警察的聯誼活動。

所以每次邂逅都很重要，與人交往也很重要。我認為即使有一百個人避開我，**朋友只要有三人就足夠**。

只要有三位朋友，想哭、想笑、想大醉一場、想熱鬧時有他們在，多半都能滿足。

「怎麼交朋友？」

答案很簡單，**與可能發展成朋友關係的人相處時坦然做自己，坦蕩往來**，這麼一來，適合自己的朋友一定會靠過來，不合的朋友自然會遠離，這是自然的道理，因此與朋友往來要赤裸坦蕩。啊，如果你真的全裸出門，小心會被警察攔檢喔。

注意肢體動作就能讀出對方的內心

刑警如何判讀對方的心理狀態呢?刑警鎖定的嫌疑人在一開始多半都不會說真話,對方說的話裡挾帶著謊言,所以嘴巴說出來的內容不可相信。那我們要從哪裡判斷真假呢?從他們的手部動作、身體方向、臉部表情等肢體動作,也就是要留意非語言溝通。

基本上溝通包括「文字語言」和「肢體語言」。我們從小在家裡或學校學習文字的意義和用法,也就是文字語言溝通,但學校不會教我們肢體語言溝通,只要沒有特別學過人類舉止代表的意思,通常都不會解讀。

問題是,人類這種生物從日常生活中學到了「嘴巴會說謊,別上當」,所以當文字語言與肢體語言兩者出現不同意思時,不管有沒有學過,都認為「肢體語言的意思才是正確答案」。

我舉一個很常見的例子——我們有時會感覺約會對象心不在焉，跟對方說話，對方也只顧著滑手機，找對方約會，對方也興趣缺缺，於是我們擔心：「那人該不會已經不愛我了吧？」不出所料，幾天後對方就開口說分手。因為即使不開口說話，人也能夠從態度和舉止察覺到對方的心情。由此可知，把注意力放在肢體語言上，更能夠判讀出對方的真正想法。

換句話說，刑警是根據肢體語言看穿真正想法。那麼，要注意哪些地方才會看到真正想法呢？

首先是「眼睛的動態」。一般常說「眼睛是靈魂之窗」，視線游移、不看對方的眼睛，都是因為心裡慌張，因此只要看到對方的眼睛動態，也能知道對方此刻對什麼東西感興趣。臨檢盤查時，對方的眼睛如果看了某處一眼，去搜一搜一定會找到違禁品，因此要注意視線的方向；如果對方一下又一下地偷覷交給警察的包包，或許是因為裡面藏有毒品。

「臉部表情」也必須注意。聽到問題臉色變紅或變蒼白，都是自律神經的作用造成，無法自主控制，也無法掩飾，因此「臉部表情」是最容易出現反應的地方。

「腳的方向」也要注意。腳尖表示自己想去的方向，對話時，腳尖如果朝向出口，表示對方的心態是「想要盡快離開」，或許是做了什麼虧心事。

「手部動作」也要觀察。說謊時，手會停止動作，避免引人注目。誠實表達感受的人會露出掌心，把手心給人看或張開手掌說話，但是說謊時手就不會有動作，或會把手插進口袋隱藏。

也要觀察「肚子的方向」。肚子是人類的命門，而無法信任的人象徵危險，因此不會朝對方暴露出命門。換言之，站在不好應付的人面前，我們會不自覺站斜的，代表「我不相信你，所以不給你看我的肚子」的意思。肚子的朝向也可看出對方的心理。

「上半身」也別忽略了，人在聽到感興趣的話題時，上半身很自然就會往前傾。如果有人聽你說話時上半身往前傾，就代表對你有興趣；相反地，對方往後靠、坐進椅子裡，就表示不感興趣、不想跟你扯上關係。

肢體語言就像這樣，比嘴巴更能夠傳達真正的意思。

你或許以為人類只能夠靠嘴巴對話，事實上沒有文字也能對話。一般人看人通常只是隨意看兩眼，但如果他從頭到腳仔細打量一遍，必然能夠看出對方的內心想法。肢體語言說的話比嘴巴說得更多。

你也從今天起好好觀察其他人吧，或許就會發現那些你原本以為討厭你的人，其實心中沒有惡意，或反過來。

有一點各位必須注意，就是你要訓練自己能夠完美控制舉止，說出口的話別跟肢體語言相反，才是真正的溝通。溝通很深奧。

第 5 章

當了刑警就會懂！刑警的三大圓融溝通技巧

我認為為別人付出是很美好的事。
刑警每天都在為了維護社會治安而奮鬥。
這樣說有點老王賣瓜之嫌，但我對於能夠幫助到別人感到自豪。

只要逮捕犯人就會得到感謝，
只要罪犯願意更生，我就會很高興，
再沒有哪份工作像這樣令人愉快了。

我在想，這世上如果充滿喜樂該有多美好呢，
但哪有那麼好的事？
每個人都有自己的問題要應付，
不開心的事情比較多才是真實世界。

當刑警之後我就認清了這些事實，但
「取悅對方（自己）」

「與對方（自己）有共鳴」
「稱讚對方（自己）」
我在做筆錄時習慣秉持這三項重點，
就能夠使溝通更順利。
沒有人一生下來就擅長溝通。

本章將把刑警的溝通技巧傳授給不善溝通的人。
不管你是怕生，還是嘴笨，還是不會與人相處，
我都希望各位把「取悅」、「共鳴」、「稱讚」當成武器使用。

這絕對不是在肯定對方的行為，
只是用來拉近彼此內心的距離。
希望各位就當作是被我騙，找機會試試。

女人愛花，男人愛慕虛榮，跟婚姻詐騙犯學習取悅對方的方法

在我還是實習員警時，曾經抓過婚姻詐騙犯。那個男人玩弄了好幾名女性，謊稱需要公司營運資金騙取財物。

該男子外表看來有點胖，中等身材，絕不是傑尼斯系的帥哥，他卻能夠成功達成目標（雖然是做壞事的目標）騙得財物。婚姻詐騙犯是善於誘惑目標對象的心、讓他們愛上自己的專家。我不解地問他：

「你為什麼那麼擅長騙女人？」

「警察先生，生活總有些特殊時刻，而在這種時候就是要送花。女人難以抗拒花的魅力，而且要挑紅玫瑰，這樣多半會成功。」

我至今仍無法忘懷男人那張充滿自信的臉；他雖然是騙子，但他認為自己很成功，他是經歷過無數的成功與失敗後找到了訣竅。

當時仍然年輕的我對於送花攻勢半信半疑，不過有了女朋友之後我也會送花，而且那個男人說得沒錯，結果往往很成功。啊！我送花當然不是為了騙財。

有異性煩惱的**男性讀者，我希望你們送花給心儀的女性**，要送鮮紅玫瑰，盡力去做你能做的事情。

順便補充一點，至於說送男人要送什麼比較好呢？有一次，我請教過一位女騙子，她笑著說：

「高檔領帶或手錶，而且送的時候要說：『你是最適合穿戴這個的男人。』**挑起**他們的**虛榮心就行了**，男人很單純好騙。」

希望各位看到這裡，別突然想到：「啊，我好像被騙了……」那可就悲劇了。容易上當受騙的男人們也要小心。

刑警先生，哄女人就是要送花
在我買下花的那一刻就已經中招了
啊，騙子果然可怕……
花店

讓人說出不想說的話，刑警的頂級溝通法

不擅長與人往來就無法當警察，因為這份工作就是需要跟人打交道；你的盤查對象是人，目擊者是人，犯罪的當然也是人。

但是刑警也不是一開始就擅長溝通，有些實習員警在盤查時甚至會太過緊張而口齒不清胡言亂語。

結果被盤查的居民打電話給一一〇報警說：「我這裡有警察找上門，請問那個人真的是警察嗎？」真的好糗。

你一直想著「我不擅長與人交流」，你就真的無法與人對話。你必須先**讓對方欣賞你，引出話題，利用與對方的共鳴，自然而然建立溝通**。

「原來如此」、「然後呢？」、「我懂、我懂」

共鳴也會使對方愉快。從那次之後，那位實習刑警不再膽小，成為擅長打聽最棒情報的高手。

警匪電視劇裡經常看到刑警伸手撥開偵訊室的百葉窗看著窗外，說：

「我明白你想要打人的心情，換做是我，我或許也會那樣做。」

「沒錯，那傢伙……警察先生，我很高興你懂（淚）。」

刑警對於犯人的行為是不會有共鳴的，畢竟就算是有正當理由，也不應該殺人或犯罪。**對於沒有共鳴的事情表現出有共鳴的態度，就是刑警的最強溝通法**，能夠讓對手吐實。我希望各位就當作是被我騙，**就算是違背自身想法也表現出有共鳴的樣子**試試，我相信對方改變態度的速度會快到讓你驚訝，溝通也會輕鬆許多。

原則上刑警會以「找東西」破題。如何繼續對話的祕訣就在其中

刑警在臨檢盤查時，習慣找對方藏的違禁品。違禁品是指毒品等民眾禁止持有的物品。違禁品多半會藏在手拿包、手提袋、公事包等之中。

首先要注意那些地方，掌握開口機會。假如你看過跟拍警察日常活動的《警察二十四小時》等電視節目裡經常出現的警察臨檢場景，就會明白我在說什麼。

「你這包包不錯，是LV的呢，不便宜吧？」

當對方露出「你終於問了」的笑容時，你就成功撬開對方的嘴了。

「你買多少錢？我前不久在百貨公司看到，價格很嚇人，我買不下手，你真了不起。」接下來以諸如此類的方式聊下去。

事實上也有刑警真的只是為了聊天話題，去百貨公司研究那些昂貴精品。

偵查陷入瓶頸時，**什麼事都可以當成話題**；對方沒有隨身物品就聊領帶、聊襯衫，聊開的車也行，很多東西都可以提供靈感，持續溝通，這也可說是刑警的話術。

有了聊天的契機後，嘗試開口，對話自然而然會進行下去，而且**人呢，只要你對他感興趣或聽到稱讚，話匣子自然就會打開**。

順便補充一點，警察要求檢查「包包」、「口袋」、「鞋子裡面」時，代表你引起他的懷疑了，這時候別抗拒，老老實實讓對方檢查才是上策，別做出更加惹人懷疑的舉動。

咦！慢著！
這不是小里芋限量閃到你瞎亮面塗層蜜地瓜聯名版擬真玩偶嗎？
你怎麼得到的快告訴我！
大神大神！
LOL LOL LOL

「軟弱」與「認清自己的弱點」是兩回事，放膽正視自己吧！

刑警經常處於內心交戰的局面；在偵訊室與犯人對峙時，有些刑警往往會變得懦弱退縮，或在心理上輸給對方。

「我恐怕無法讓對方認罪。不，或許還有辦法，可是要怎麼做……」

接著來自組織和旁人的期望就會差點壓垮你；換言之，當你想要做超過實力的事情，內在就會產生壓力，導致自己白忙一場。

人有一種無論如何都想要展現自己最好一面的念頭，因此你經常陷入「我必須表現完美、回答正確答案才行」的情況。

問題是，這樣既無法使你成為「完美的人」，也無法消除你的「軟弱」，於是你總是惶惶不安。

保持「我就是這樣的人」、「我無法做得更好更多」、「做到也只是僥倖」的心態才是恰到好處。你要明白，「軟弱」與「認清自己的弱點」是兩碼子事。

我當了二十年的刑警，一路與犯人針鋒相對，當我軟弱退縮地認為「這個我可能不行」時，我會放鬆緊繃的肩膀，以最自然的狀態去碰撞；我不是去克服自己的弱點而是去接納，用「我很慶幸知道自己本來就不行」的態度去面對，結果反而一切順利。**認清自己的弱點，就不會好高騖遠**。

遇到外來壓力很大的場合時，你不如用「船到橋頭自然直」的心態去面對，或許放鬆反而有意想不到的好結果，你的心態將會改變事情的結果。

有能力站在眾人面前講兩個小時的話，你已經擁有專屬的最佳武器！

當上刑警後，前輩、上司經常告訴我：「**必須有能力在別人面前講兩小時話**。」我以為自己應該學的是分辨犯人的方法，或其他更應該學的知識，後來我才明白擁有這種能力多麼重要。

刑警的工作是破案並替被害人申冤。問題是我們並非簡簡單單就能逮到犯人，也不知道破案的契機會從哪裡冒出來。

秋葉原曾經發生偶像遇害的案子。我無法理解去女僕咖啡店聽服務生說：「歡迎回來，主人」有什麼好高興的，但如果案子發生的動機涉及到宅男特有的心理狀態，那麼有宅男刑警在場就很可能順利破案，他自告奮勇表示：「這種話題我可以聊兩個小時都沒問題！」這種類型的犯罪嫌疑人都有自己的一套藉口，而且口頭禪似乎都是「我有什麼辦法呢？」所以宅男刑警說：「我懂你的苦衷，但……」花了好幾個小時進行偵訊。

「誰叫她在握手會的時候那麼冷淡。」

沒想到問出來的動機果然是宅男特有心態作祟。犯罪嫌疑人或許是因為宅男刑警理解他的感受，也就安心坦承犯行。

一般人覺得「派不上用場」的知識和經驗，都有可能協助破案，**只要有能夠聊上兩個小時的話題，就擁有勝過他人的知識**，就算是沒有任何長處值得炫耀的人，也有「**這個話題我能聊**」的時候。對自己缺乏自信的人多半是因為不了解自己的價值。

你所具備的知識在現今世界或其他世界或許能派上用場，試試吧。

一句「謝謝」，能夠再次提醒自己的存在意義

逮捕犯人讓他贖罪就是刑警的工作。刑警不忍看到被害人受苦，不眠不休地工作只為了抓到犯人，擁有不容小覷的使命感。

但是要達成這個目標，少不了其他人的協助。通報者、目擊者、援手等，因為有這些與案子有關的情報提供者協助，才能夠順利破案。

獨自一人達成目標的情況反而罕見，達成目標需要與其他人通力合作，因此我們要對這種團隊合作說聲「謝謝」。

曾經震驚全球的東京地鐵沙林毒氣事件發生時，我還是派出所警察，也就是巡邏員警。抓到主嫌那天，各家電視臺對全國各地報導了相關消息。我想或許是看到電視新聞吧，一位中年婦女突然手捧一束花來到派出所。（注：東京地鐵沙林毒氣事件為奧姆真理教成員於一九九五年三月二十日在日本東京同時犯下的多起本土恐怖主義行為。）

「警察們真是辛苦了，這是表達我的謝意。」

「啊，謝謝您。」

我收下花時，還沒有反應過來到底是怎麼回事，仔細一問才知道對方是聽聞逮捕主嫌的消息。我當然並沒有參與那件案子的搜查，而婦人是想要對整個警察組織的努力表達感謝吧，身為警察一員的我，對於婦人的好意覺得很高興也很驕傲。

那天我在記事本寫下：「我很開心，謝謝。」記錄下那份感動。

那句「謝謝」幫助我找到存在的意義。

「謝謝」是讓聽者高興的至高無上稱讚，只要一句謝謝，心中就會覺得暖洋洋。請各位也多多說「謝謝」吧！

獲得他人稱讚就儘管開心吧，那是對於你出色能力的肯定！

缺乏自信的人不會發現自己隱藏的實力。

但是，每個人至少都有被他人稱讚過一次的時候吧？稱讚就是對於你優秀能力的肯定！

我還是實習刑警時，沒有半點自信，也經常把事情搞砸，老是在抱頭煩惱。不過，雖然真的非常非常偶爾，我的直屬上司翻閱我寫的筆錄時會說：

「你很會做筆錄……」

直到現在我還是覺得：「他是不是故意那樣說，好讓我有點自信？（汗）」但我是很單純的男人，聽到稱讚不可能不開心。

我想要更多稱讚，所以假日上班時，我會瀏覽大量的案件紀錄，研究前輩的筆錄寫法，結果就是我有自信能夠寫出超逼真、彷彿身歷其境的筆錄。做筆錄也是一門深奧的學問呢。

換句話說，**能夠得到他人的稱讚，就是因為你比其他人優秀**，所以你可以儘管拿出自信來。

「唱歌好聽」、「笑容好看」、「很會接待客人」——你身邊的人一定都有看到你表現傑出的一面。

獲得稱讚後，你就老老實實覺得開心就好，也別忘了感謝幫助你成長的人。

你的成長是因為得到稱讚，所以你要說：

「謝謝稱讚！」

你的人生將會因為你能夠成長多少而改變。來，儘管讓你的才能大放異彩吧！

如果沒有人願意相信你，至少你要相信自己

人類很脆弱，從哇哇出生到獨立為止，是地球生物之中依賴父母照顧時間最長的生物。然而有些人更依賴的是警察的照顧；這裡所說的照顧，不是讓警察拉拔他們長大。幫助走錯路的人更正路線也是我們的工作。有的人一起壞心思就會做壞事，他們的心靈很軟弱，這種時候我經常告訴他們：

「信汗不亂」

這是前職棒教練仰木彬創造的詞彙，意思是「**流著汗水努力走在自己相信的道路上，就不會迷惘（努力的汗水不會背叛你）**」。堅定地走在自己相信的路上努力前進吧，成果自然會隨之而來。（注：仰木彬（1935-2005），日本前職棒球員、監督。）

人有時不管有多努力都不會得到成果，就算付出多年，自認為已經盡全力，老天爺還是不肯給你想要的結果。但就算如此，**繼續堅持不放棄，必然會有成果到來**。

我也是屢屢遭遇失敗的人，有時我也會因為不順利而心灰意冷，這種時候我就會想起教練那句話鼓勵自己。

當我說到這些，沒有人會像警匪電視劇演的那樣嚎啕大哭，大喊：「警察先生！」但有些人不曾聽人說教，所以我常說：「**如果沒有人願意相信你，至少你要相信自己，好嗎？**」

不只是這句話，我希望各位在灰心喪志時**想想自己喜歡的字句**，那些文字一定能夠成為你前進的力量。

男人會流淚，流淚會使男人反省——人人都有流淚的權利

在偵訊場合曾經發生一件事，某男人涉嫌某個案子。

他逼前女友復合，卻闖禍傷了對方。警察受理報案後著手調查，結果確認女方的供述是事實，於是在男子躲藏的地點抓到他。

但是男子堅決拒絕陳述筆錄，他說自己不想再提這件案子。

幾天後，在我偵訊時，男人終於態度軟化，突然放聲大哭，想來大概是後悔了，他承認：

「是我做的……」

犯罪是人生最大的敗筆，但就算犯了罪，也必須過完自己的人生。

不，不只要過完，還要贖罪。

「你想哭就哭，沒關係，不需要忍著。」

說完，男人就趴在桌上痛哭失聲。考慮到他往後的人生，我不免覺得同情，但他還有機會改過自新。

哭無法回到過去修正錯誤，但哭能夠讓人覺得痛快。後來男人認罪，伏法送辦，幾年後男人出獄後來找我打招呼。他說：

「我在外頭的世界仍會繼續努力。」

他的表情很開朗。

在漫長人生中，總有痛苦難受的時候，這種時候我希望各位放聲大哭別忍耐，**淚水能夠洗滌心靈**，你還有機會重新來過，人人都有明天。

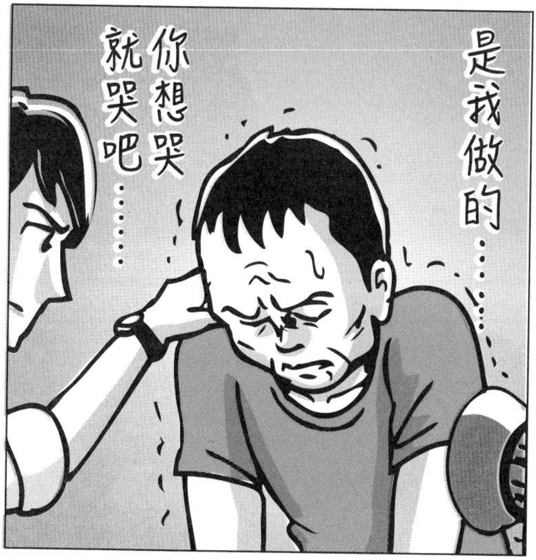

「要求刑警微笑」是在對牛彈琴，可是這個落差能夠當成武器！

各位是否也覺得刑警多半長相兇惡呢？

尤其是負責掃黑的刑警更是如此；畢竟他們要面對的是惡徒，長相不能太溫和，而且要經常抿嘴，保持兇惡眼神，更別說對象是罪犯，負責的刑警如果笑得輕浮，只會讓人覺得噁心，要努力要狠甚至叫人想問：「你還好吧？」的地步，因為這是玩真的，臉上肌肉必須夠猙獰。

第一次見面的人看到我也常說：「你有點可怕」、「好有壓迫感」、「難以親近」。我的長相就是如此沒辦法改，這是天生的，我甚至很想說：「別看別人的長相胡思亂想！」但某些角度上來說別人要亂想我也沒轍。

不過，長相可怕也有利用價值。

有時只要露齒微笑，**造成的落差就足以影響對手的情緒**。

「我本來以為你很可怕，沒想到其實很溫柔。」聽到別人這樣說，就代表對方已經在你的掌控之下。

成功的溝通，有時需要這種落差。

別人認為你冷淡、難以親近，你就看準時機露出完美微笑，對方一定會嚇得屁滾尿流。

有些人或許還會想：「咦？他怎麼跟第一印象不一樣」、「也許他其實很容易親近」、「沒想到他的笑容很可愛」。**笑容有時就是抓住人心的武器**。

笑容是最強大的溝通工具，希望各位務必試試。

刑警也有業務特別費——無論哪個時代，酒色財氣都有強大的力量！

刑警也要花錢招待別人，想要取得搜查上需要的情報時會請線民喝酒，簡言之就是藉酒精的力量讓對方鬆口透露情報。

某次我招待的對象是公務員；他白天時間死不開口，聊到重要話題總是顧左右而言他，於是我在當地餐廳設宴款待對方，因為我聽說對方愛喝酒。

餐會開始幾個小時之後，或許是酒過幾巡，又或許是對方對公務機關諸多抱怨，後來甚至說出連我也不禁替他冒冷汗的話，我不免緊張心想：「這種話你可以在這邊講嗎？」他洩漏的那些情報中也包括毒品藥頭的資訊，以及公務員和政客的違法行徑。

常言道：「喝酒是溝通的潤滑劑。」人在幾杯黃湯下肚後就會變得大膽，也就很敢說出平常不敢說的話。

要從一向寡言且不敢說想說的話，或是心懷不滿的人嘴裡套出情報，最好的辦法就是借用酒精的力量，**用酒替對方解放內心，把平日的不滿也清得一乾二淨**。但是別忘了未成年禁止喝酒。

事實上那次餐會我沒能夠聽到想聽的情報，所以直接付錢給對方——這是業務特別費，相當於民間企業的交際費——沒想到對方因此就開始劈哩啪啦說個沒完，我甚至很想告訴他：「不用告訴我那麼多也沒關係。」**果然比起喝酒，人更愛錢**。

警匪電視劇也常演到線民提供情報後拿錢很高興的場面。給不給錢有時視情況而定，而且這筆錢必須經過上級批准才能給，不過你要記得讓線民在收據上簽收。

收據的項目名稱寫「情報提供費」嗎？
還是「業務特別費」？
你還真是講究細節啊……

刑警為什麼會重複問同樣問題？利用「深度提問」找出真相

案發現場的目擊者在協助警方搜查之後，多半會抱怨說：「警察不斷重複問同樣問題，真的很討厭。」實際上身為讀者的你，或許也有過這種經驗。

這一招其實是刑警前輩教的——問話時至少要問三次「為什麼、為什麼、為什麼」，也就是「深度提問」。

所以刑警就會對偶然路過案發現場的人進行各種花式盤問，當然就會問到民眾都嫌煩。

我懂各位很想大叫：「別再問了！」看表情也知道，但刑警仍然會執拗要問，而且態度冷淡得簡直跟機器人沒兩樣。

「為什麼？」「怎麼會？」「然後呢？」

深度提問的好處是——**拋出疑問讓對話延續，接著從對話中導出大量情報，藉此判斷真偽**。

對話自然而然地延續，情報量也會愈來愈多。假設這個人說的話是捏造，對於問題的答案一定會出現矛盾、奇怪的地方。

換言之，假如你聽別人提供的訊息覺得很可疑，我建議你試試深度提問，看看對方是否不願意繼續聊下去、藉故轉移話題呢？再者，問話回答的內容與剛才說過的是否不同或自相矛盾？

我希望做人太親切、容易上當受騙的人記住，「深度提問」就是保護自己的方法。

刑案犯罪現場不輸給主題樂園。強化你的心智吧！

待在刑案現場，心智自然就會變強，會得到不同的經驗，所見所聞全都很新鮮，每天都不一樣。人們會去遊樂園搭雲霄飛車、去鬼屋看恐怖的東西，追求非日常的刺激，還會花大把錢購買全年不限次數通行票，三不五時就前往夢幻國度。然而對刑警來說，那種刺激早已是家常便飯，錯！我們的日常生活比那些更刺激，而且我們不必付錢就能夠體驗到更真實的新鮮感。啊，不只是不用付錢，我們還可以定期領錢（薪水）去體驗。

再加上，如果被分配到太駭人聽聞的案件，還可以多拿到一筆錢，也就是業績獎金。人生如此刺激又美好，就是因為我選擇了當刑警。

我再說得具體一點。首先，當刑警會遇到平凡生活中絕對遇不到的人，而這些人很有意思。

舉例來說，這些人包括——

．有二十項前科，人生幾乎都蹲在牢裡的人。

．剃平頭加全身刺青，西裝底下有龍的人。

．雙眼無神，怎麼看都是吸毒吸到精神不正常的人。

．拿刀恐嚇「我要殺了你」的人。

．醉過頭在歌舞伎町路中央渾身是血、大喊大叫的年輕人。

一般民眾沒什麼機會遇到藝人演員，也沒什麼機會遇到上述這些人，能夠遇到這些人也可以說是警察的特權。太歡樂了，刑警每次遇到這種人都在想：「哇，今天遇到非同小可的傢伙了！」

刑警也有一般民眾絕對不會遇到的體驗。

．進入今日頭條新聞報導的案發現場黃色封鎖線後面。

．能夠與任何人都不想接觸的兇惡嫌犯直接對話。

．開車時可以無視紅綠燈，盡情飆速。

．手拿裝有實彈的手槍，也真的會開槍。

．不是萬聖節也能易容變裝走在路上，外加能夠尾隨跟蹤別人。

能夠有這些經驗的只有刑警，我們經歷的是你一輩子都碰不到的體驗，每次遇到這些情況，身為刑警的人忍不住會想：「哇，今天真夠刺激了！」

像這樣見到平常沒機會見到的人、遇到平常沒機會遇到的事，心智就會變得無比強韌，不管發生什麼情況都不會動搖。你是偶爾才會去遊樂園搭雲霄飛車，所以覺得可怕，鬼屋也是偶爾去所以覺得可怕；假如你每天搭雲霄飛車、每天去鬼屋，任何人都會習慣。

但是我得說，剛成為刑警時，我也不是「任何事情都雷打不動」，我是從「假裝沒有受到影響」做起。刑警中膽子比較小的人也會害怕，但是嚇到腿軟就太丟臉了。

舉例來說，在「持刀男子失控」等緊張的現場，萬一有刑警因害怕而表示：「我臨時想到我有點事要忙，先走一步了」就逃走，你做何感想？萬一有刑警對嫌疑人說：「因為一例一休制度的改革，上級強烈要求我們不准加班，所以很遺憾我今天下班的時間到了。」並且一邊發抖一邊趕跑他們，你做何感想？如果這是在演警匪片，票房一定很差；如果讓小孩子看到，警察一定會成為他們將來最不想從事的職業排行榜冠軍。我就是不想成為那種刑警。

所以就算實際上害怕到心臟狂跳，我也會果敢向前說服對方放下刀子，讓軟弱的自己奮起，「假裝」沒有受到影響。膽小的人可以從「假裝」不膽小做起，多多累積經驗，習慣後就會真的「雷打不動」了。

而且就算害怕，只要碰上你願意出頭的事物，就會產生使命感；刑警有異常強烈的「我不入地獄誰入地獄？」的職業道德，有人出事就幫助，即使自己的處境也很危險，只要一有機會仍會出手救人，目的簡單，但心底深處一定有這類使命感，這或許是心懷國家的託付才有的情感。

換句話說，人類的心智能夠靠自己變強，也能夠因為自己而變弱，待在警察機關這種有助於強化心智的環境也是一種方法，心智並不是一開始就很強大，是經歷磨練出來的，只要取得強大的心智，你就不再害怕任何東西，或許還能夠面對大魔王們，只要記得在你出事時打一一〇報案，電話那頭一定會有心智更強大的刑警願意保護你，我敢保證。

終章

演講時常被問到的問題統整

Q 被誤當成色狼時，該怎麼辦？

A

最重要的還是要看「你到底有沒有做？」不過在電車上被誤當成色狼時，有幾件事絕對不可以做。

首先是「不可以逃跑」。逃離現場一定會被逮補。

有很多案例都是月臺上還有很多其他乘客，如果你對企圖阻止你逃走的路人施暴，就會因為重傷未遂罪、傷害罪被捕，所以千萬不要輕易逃走。

第二件是「不可以走鐵軌逃走」。

跳下月臺跑過鐵軌逃走，就會觸犯公共危險罪與鐵路法被逮捕，而且很可能被進站的電車輾斃，千萬不要輕易嘗試，得不償失。

最後一件是，就算你沒有動手動腳性騷擾，也別「隱瞞身分」。

一般來說，隱瞞身分就有很高的疑慮會逃走，會給人留下極差的主觀印象。最好是主動拿出駕照或名片等表明身分，也要一直堅持：「我沒有要逃走也沒有隱瞞，因為我根本沒做！」

那麼，只要遵照這些去做，就絕對不會被逮捕嗎？我也不敢跟你保證。如果被害女性主張：「我很確定就是這個人的鹹豬手！」也就只能交由天意決定了。

這麼說可能太極端，但如果不想被當成色狼，最好別搭電車以策安全。

Q 出示警察手冊去電影院看電影就免費，真的嗎？

A 因搜查而必須跟蹤犯罪嫌疑人時，刑警只要對電影院管理人員出示警察手冊取得許可，就可以直接進入。

這時順便看了正在上映的電影也是無可厚非，但我們通常怕看得太入迷，讓嫌疑人趁隙逃走，所以實際上不會去注意電影內容。看電影還是應該花錢看才對。

Q 偶爾有「警察把手槍忘在廁所裡」的新聞，那麼重要的物品為什麼會忘記？

A 刑警也是人，太專心上廁所，上完後鬆了一口氣，會出這種紕漏也是難免。

就像一般人放鬆了就把手機或錢包放在廁所裡忘了拿一樣。但是錢包有時事後會找不回來，手槍的話，撿到的人幾乎都會好好送回，不會拿去亂用。

這倒是幫了我們大忙。也不曉得撿到槍的人是不是受到驚嚇，所以沒有帶槍逃走的勇氣，總之掉槍的刑警能夠做的只有感謝了。

Q 盯梢最痛苦的是什麼？

A 辦案時一定要做的就是確認搜查對象的行動。警察對於今後可能犯案的對象或已經犯案的對象，會選擇以盯梢的方式監視對方的行動，準備扣押證據。

至於問到盯梢時最痛苦的是什麼，就是從頭到尾「不能鬆懈」；有些場合可以輪流，但輪到自己盯梢時，就有義務好好監視目標行動，特別是清晨、晚上、飯後想睡的時候最辛苦。曾經發生過目標人物在刑警一閉上眼睛那瞬間就離開建築物或失去蹤影的例子，這麼一來之前的付出都成了泡影。

那麼，怎麼做才能夠戰勝睡意呢？首先是盯梢前一天必須充足休息，不允許睡眠不足。儘管如此，盯梢當天還是想睡的話怎麼辦？這時就咬口香糖、吃糖果、盡可能活動身體、捏大腿、拍臉搥腳；如果是兩人一起盯梢，就跟同事聊天。

其中最有效的還是聊天，聊天能夠活絡腦子，減少睡意，也會感覺時間過得比較快。因此原則上盯梢都是兩人一組行動。

但是聊天如果聊得太熱烈，就會疏忽「盯梢」的動作。我有過好幾次雖然沒有讓嫌犯跑掉，不過也嚇得夠嗆了。刑警盯梢分分鐘鐘都不能鬆懈，這點最難。

Q 有警察看到屍體就嘔吐嗎？

A　刑警在工作中看到或觸摸遺體是常有的事，因為我們必須檢查他殺、有他殺嫌疑的屍體。話雖如此，刑警也是別人的孩子，我想當中一定也有些人會想吐或覺得不舒服。

以我的經驗來說，我不曾看過當場吐出來的刑警。首先看到屍體就吐，就沒資格當刑警了，所以就算憋死自己也不能在現場吐出來，必須在吐出來之前把嘔吐物吞回肚子裡，用這種氣勢阻止自己嘔吐。當然看到死人，沒有人會覺得愉快，也不能在遺族或相關人士面前丟失警察的顏面。我這麼說或許不妥，不過處理燒死的屍體後還能夠去吃烤肉的人，才真正具備刑警的專業素養。

Q 怎麼教小孩才不會走上歹路？

A

我當刑警後看過很多走上歹路的大人，偵訊時仔細聽他們說明才知道，他們多半是從小就走岔了路，而原因幾乎都是「家庭環境」。

換句話說就是「父母親離婚」、「在孤兒院（育幼院）長大」、「親戚帶大」、「受虐兒」等家庭環境因素影響，導致他們走錯路。

遺憾的是，人類這種生物如果沒有被愛的經驗，就不懂得對人好，也會因此沾染犯罪。

另外，父母灌輸的價值觀有時也導致孩子難以生存。

舉例來說，有些孩子從小就被深植「男人必須強悍」的價值觀，這樣的孩子不管遇到什麼事都不敢示弱，也給自己造成壓力，更不允許其他人喊累喊苦。

簡言之就是受到父母親在幼少期灌輸的價值觀影響，長大後因此過得很艱辛，也造成他後來犯罪。

因此最重要的是要教導孩子「男人也可以有脆弱的一面」，也就是要保持平衡。

有孩子的人要注意自己與孩子的相處方式。

Q 我在找房子，想要避開小偷容易盯上的目標。請問有什麼需要注意的重點嗎？

A 基本上闖空門的小偷習慣事先去「探路」，也就是提前進入目標房子查看。當然他們找的都是小偷容易闖入的住家，也就是看起來有錢可偷又容易入侵、沒人在的目標。

他們專找住家有遮擋、後門或窗戶等出入口不醒目，以及被發現時容易逃走的透天厝或公寓一樓。

因此你如果在找出租公寓，最好要避開一樓。

但假如你的房子正好在一樓，在簽約之前最好先找人仔細檢查窗框，如果窗框上有銀色鋁粉，最好別簽約。

因為那代表那間房子過去有警察抹過採指紋用的粉末進行鑑識。

換句話說，該處曾經遭小偷。原則上鑑識完之後，我們會請住戶自行擦掉，但也有人會留著好幾年都沒擦。既然那個房子在小偷眼裡看來很容易入侵，那麼往後仍有可能再度被盯上。沒必要故意挑選小偷容易進入的房子吧。

鋁粉是其中一個檢查重點，希望各位記住。

Q 刑警和普通警察誰比較偉大？

A 警匪電視劇常看到制服警察在兇案現場維護現場狀態，等刑警抵達時，會行禮說：「辛苦了。」並且讓刑警進入封鎖線裡面。看到這樣的劇情，各位的確會覺得刑警好像比較偉大，所以刑警真的有比普通警察偉大嗎？我能理解會有人這麼認為。

結論上來說，警察是階級社會，因此所有警察都有階級，基本上不管隸屬哪個單位，都是在上位的人階級高。但是單就組織內部的情況來講的話，刑事組向來是熱門的王牌單位，所以形象上看起來比較偉大。

舉例來說，我們簡單比較一下負責犯罪搜查的刑事組，以及暫時負責管理案發現場的派出所警察等隸屬的地域組。刑事組的工作比較專業，從他們的辛苦與難度看來，你很自然會覺得他們比較偉大。

你或許在想，刑警比較偉大嘍？我本身曾經是刑警，也是以當刑警為目標的警察，當然會認為刑警比較偉大。這或許是出自於我對於工作的自豪。

Q 警匪電視劇經常出現「臥底」設定，你實際上有做過嗎？

A 警匪電視劇演過刑警臥底潛入黑道幫派，當幫派老大的司機，並且把聽到的毒品交易消息以電子郵件傳給警察同僚的劇情。

但我希望各位想想臥底警察的身分曝光時怎麼辦？先不管他能否回歸刑警工作，在曝光的第一時間就會有性命危險，所以臥底這種事情不可能交給一位刑警去做。

原則上警方不可能派警察進入危險組織臥底搜查，但臥底也並非完全不存在。只要臥底警員不會有生命危險、身分曝光機率低，若是搜查上有必要，或許會派人臥底。總之就是視情況而論。

Q 看懸疑連續劇就會發現逮捕犯人的地點常常都是在懸崖邊。你實際上有在懸崖邊逮捕過犯人嗎？

A 怎麼可能。

後記

感謝各位閱讀到最後。

「沒想到會發生這種情況！」的「沒想到」在我漫長人生中發生過無數次。

最近改變世界的 COVID-19 就是最好的例子吧。

我的事業活動也因此大受影響，但是我想餐飲業、觀光業等的波及恐怕更大。

這種時候要如何管理自己的心智？

舉例來說，老闆必須保護員工，不可以輕易宣布公司倒閉；配合政府規範縮短營業時間，但營業時間愈短，赤字就愈大，資金調度週轉也出現困難。

上班族也是，公司的業績不好，員工就不知道今後該怎麼辦，而且還有養家的責任。獎金沒了又減薪，房租房貸、教育費都付不出來，於是開始煩惱要換工作嗎？還是做副業？

這種時候會有形形色色的想法，有些人是這種負面想法——

「可惡，我們公司或許會倒閉、我可能會失業。生活費已經見底，撐不下去，我可能活不下去了。」

相反地，也有人是這種正面想法——

「不能在這時候認輸，現在就站穩腳步不放棄，總會有辦法的，只有加油想想能做的事兢兢業業去做。」

哪一種想法能夠帶來光明的未來一目了然。大家都一樣要面對COVID-19造成的問題，但是不同的思考方式將大幅影響到你的人生。

每個人遇到悲觀的壞事往往會以負面想法去解讀，你也可以反過來，改以正面想法去面對。能夠這麼做，或許就是因為你有強大的心智。

我當刑警當了很長一段時間，在難熬的案發現場屢屢受挫仍然能夠保有強大心智，也是累積了眾多嚴峻考驗，心智自然而然歷經千錘百鍊，而我身為刑警的使命感則更進一步強化了它。

如果沒有刑警心智，我就無法離職當顧問了，我捨棄公務員的鐵飯碗創業，也是因為擁有強大心智才敢挑戰。

然而創業後，我眼看戶頭裡的錢不斷減少，心中很恐懼，從領薪水的勞方變成付薪水的資方真的很辛苦，我在經營公司上也學到了維持心智強大的方法。

我並不是一開始就一帆風順，創業後也遇到無數令人挫折的情況，我喜歡這些經驗，無論如何只能全力向前走，才終於有了現在的結果。

藉由這本書我想要表達的是——「任何事只要你放棄就結束了」。你一定會找到遇到困難時前進的手段方法，也一定有辦法改善現況，所以我希望各位絕對不要放棄，黎明一定會到來。

期許本書能夠成為所有心智脆弱者的心靈寄託，成為各位前進的契機。

別認輸，別放棄，你還能夠繼續堅持下去！

我衷心為你打氣。

二〇二一年二月

森透匡

後　記

刑警心智

跟資深刑警學抗壓，打造絕處逢生的強大心理素質

刑事メンタル：絶体絶命のピンチでちびってしまう人でも動じないハートが手に入る

作者　森透匡
譯者　黃薇嬪
插畫　福島MOTA
封面設計　許紘維
內頁排版　簡至成
特約編輯　戴嘉儀
行銷統籌　駱漢琦
行銷企劃　蕭浩仰、江紫涓
營運顧問　郭其彬
業務發行　邱紹溢
責任編輯　賴靜儀
總編輯　李亞南
出版　漫遊者文化事業股份有限公司
地址　台北市松山區復興北路331號4樓
電話　(02) 2715-2022
傳真　(02) 2715-2021
服務信箱　service@azothbooks.com
網路書店　www.azothbooks.com
臉書　www.facebook.com/azothbooks.read
營運統籌　大雁文化事業股份有限公司
地址　台北市松山區復興北路333號11樓之4
劃撥帳號　50022001
戶名　漫遊者文化事業股份有限公司
初版一刷　2023年7月
定價　台幣360元

ISBN　978-986-489-819-0

國家圖書館出版品預行編目 (CIP) 資料

刑警心智：跟資深刑警學抗壓, 打造絕處逢生的強大心理素質 / 森透匡著；黃薇嬪譯. -- 初版. -- 臺北市：漫遊者文化事業股份有限公司, 2023.07
192　面；14.8 × 21　公分
譯自：刑事メンタル：絶体絶命のピンチでちびってしまう人でも動じないハートが手に入る！
ISBN 978-986-489-819-0(平裝)

1.CST: 壓力 2.CST: 抗壓 3.CST: 情緒管理 4.CST: 職場成功法

176.54　　112008993